MEINE FAMILIE

MEINE FAMILIE

© Manfred Pawlak Verlagsgesellschaft mbH,
Herrsching
Alle Rechte vorbehalten
Autor: W. M. Riegel, München
Gestaltung: Uschi Müller, Sabine Hofmaier, München
Gesamtherstellung: Maasburg GmbH, München
Printed in Italy
ISBN 3-88199-939-6

INHALTSVERZEICHNIS

VORWORT 6

FAMILIE – WAS BEDEUTET DAS? 9

NAMEN, NAMENSRECHT UND NAMENSÄNDERUNG 23

ERBSCHAFT, ERBEN, ERBRECHT TESTAMENT 45

AHNENFORSCHUNG WARUM UND WIE 59

PERSÖNLICHES STAMMBUCH MIT AHNENTAFELN 81

VORWORT

Sich auf das Herkommen zu besinnen: darauf, wo man herkommt, woher man stammt, scheint heute nicht mehr so ganz zeitgemäß zu sein. Doch das stimmt nicht. Mehr und mehr nimmt heute das Interesse an der eigenen Familie und deren Existenz wieder zu, nach allgemeinen Beobachtungen.

Die Tatsachen scheinen im Bewußtsein unserer Medien-Öffentlichkeit dagegen zu sprechen. Allenthalben verkündet man uns, daß die Familie und die Ehe quasi überlebte Formen des Zusammenlebens darstellten. Es ist richtig, daß sich gewisse Wandlungen vollziehen. Aber das ist nur normal und selbstverständlich. Jede Zeit sucht sich ihre eigenen Lebensformen. Es sind in den letzten Jahrzehnten eine gewisse Anzahl neuer Formen entwickelt worden, die dem herkömmlichen Begriff von Familie und Ehe nicht mehr zu entsprechen scheinen. Wenn damit der festumrissene Begriff der bürgerlichen Ehe und Familie des 19. Jahrhunderts gemeint ist, mag das wohl stimmen. Aber nirgends steht geschrieben, daß das 19. Jahrhundert allgemeingültige Begriffe geschaffen hat und sozusagen niemals enden darf. Kulturphilosophen sind ohnehin mit einem gewissen Recht der Ansicht, das 19. Jahrhundert habe lange genug gedauert, nämlich bis, um das Schlagwort zu gebrauchen, "1968". Das ist ein anderes Feld. Sicher aber sind die Wandlungen, die die Veränderungen der Zeit ganz natürlich mit sich bringen, nicht so, daß sie die einigermaßen sonderbare Überschrift einer großen, führenden Wochenzeitung zu einem Artikel über die neuen Sorgerechtsregelungen im Familienrecht sachlich rechtfertigen würden: "Die Ehe hat ausgedient." Das ist bestenfalls Meinungsäußerung, allenfalls Polemik, nicht jedoch Information. Als eine quasi kuriose Fußnote zu diesem Thema mag man nehmen, wie sehr das, was heute zuweilen als "überholte Wertvorstellungen" verunglimpft wird, tiefer in uns verankert ist als mancher wahrhaben möchte. Der Ex-Beatle Paul McCartney, also einstiges Mitglied einer Gruppe, die zu ihrer Zeit ein Programm aus dem – milde gesagt – Ironisieren der sogenannten traditionellen, überkommen Werte machte, hat jüngst, 20, 25 Jahre danach, ein Oratorium "klassischer Art" geschrieben. Wie dies von den Kunst- bzw. Musikkritikern zu beurteilen ist, ist eine andere Geschichte. Jedenfalls besingt dieses "Beatle-Oratorium" unter anderem auch "das Glück und die Familie". Angesichts solcher Fußnoten zur Zeitgeschichte mag es für manche Leute gar nicht mehr weiter wichtig sein, daß unsere Länderverfassungen und das Grundgesetz nach wie vor ausdrücklich den Schutz von Ehe und Familie proklamieren. Die Ehe wird nie ausgedient haben, da darf man ganz sicher sein, und die Familie schon gleich gar nicht.

Kurzatmige Diagnosen oder womöglich Wunschvorstellungen (oder Schrekkensmenetekel) vermögen daran, auf lange Sicht, wenig zu ändern. Es gibt Entwicklungen und Veränderungen, wohl auch einmal generationsweise Krisen. So ist natürlich nicht zu leugnen, daß das Familienbild – und auch die Familienforschung – sich dadurch stark ändert bzw. erschwert, daß es heute eine große Anzahl Familien gibt, die zweite oder sogar dritte Ehen darstellen, mit Nachkommen aus jeder einzelnen, so daß sich Ahnenforschung, Stammbaum, Vorfahrenfeststellung schon innerhalb einer einzigen Familie beträchtlich verästeln können. Auch die Tatsache, daß die Zahl der Kinder, die man bisher unehelich nannte und jetzt lieber "Kinder alleinerziehender Mütter", schließt viele von ihnen von der Feststellung ihrer Vorfahren väterlicherseits aus, wenn keine Vaterschaftsfeststellung vorliegt oder getroffen wird, was zweifellos in vielen solchen Fällen zutrifft. Zu diesem Thema gehören auch die Kinder aus sog. künstlichen Befruchtungen, bei denen eine biologische Vaterschaftsfeststellung von vornherein unmöglich ist, sofern es "Fremdbefruchtungen" sind. Aber auf diesem Gebiet herrscht noch ein weiter rechtsfreier bzw. rechtlich noch nicht abgeklärter Raum.

Insgesamt gesehen handelt es sich dabei aber nach wie vor um Randerscheinungen. Die Norm ist zweifellos immer noch die traditionelle Ehe, die traditionelle Familie, die auch eine normale Vorfahrenforschung zuläßt.

In unserem Land hat eine Periode, die inzwischen eine Generation zurückliegt, aus der Ahnenforschung eine weltanschaulich fundierte menschliche Güteklassenfeststellung gemacht und sie dadurch für lange Zeit diskreditiert. Dieser Makel ist mit der Zeit wieder verblaßt. Familien- und Ahnenforschung ist auch ohne weltanschaulich-rassistische Zielsetzung, die sachlich ohnehin unsinnig ist, eine interessante und lehrreiche Sache. Nicht umsonst wird sie in vielen anderen Ländern auch noch heute intensiver gepflegt denn je. In Amerika ist sie zeitweise zu einer Art Geschichts-Ersatz geworden, und es werden dort teilweise riesige Summen dafür aufgewendet, die eigene Herkunft zurückzuverfolgen, die dort ja immer "irgendwo in Europa" liegt.

Die Feststellung der eigenen Vorfahren ist also tatsächlich ein Familiendokument, das im übrigen nicht immer ein reines Hobby aus bloßem Interesse zu sein braucht, so wie man Flaschen sammelt oder Briefmarken oder Steine oder eben Vorfahren. Es hat oft genug auch ganz konkrete erbrechtliche, grundstücksrechtliche, besitzrechtliche Anlässe.

Wie weit zurück man die eigenen Vorfahren festzustellen unternehmen möchte, ist eine Sache des rein individuellen Interesses und auch der persönlichen Ausdauer und Aufwendung von Zeit und Geld. Denn wie jede andere Sammel-Beschäftigung läuft auch das "Sammeln" von Vorfahren schnell ins Geld und in einen wachsenden Zeitaufwand. Für die Normalfamilie mag, wie im folgenden ersten Kapitel ausgeführt wird, die Rückverfolgung über drei oder vier Generationen ausreichen und genug sein. Dies hat den Vorteil, daß die Dokumente dafür noch verhältnismäßig leicht zu beschaffen sind – im Normalfall, nämlich in Familien, die beispielsweise nicht aus ihrer Heimat vertrieben wurden.

Normalerweise wird es bei den Dokumenten erst vor ungefähr 1800 schwieriger. Manche Familie wird sich weniger für eine mehr oder minder lückenlose Vorfahrenfeststellung und -forschung interessieren als eine Dokumentation ihrer eigenen Geschichte. Für sie gibt es die Möglichkeit der Anlage eines Familien-Albums, in welchem Berichte über die Lebensläufe der gegenwärtigen Familienangehörigen einschließlich Eltern und vielleicht auch noch Großeltern, Onkeln und Tanten gesammelt werden, Fotos und Dokumente, Berichte über Familienfeste, Erlebnisse aller Art, zusammen mit Ausschnitten aus Zeitungen über die lokalen und Welt-Ereignisse eines bestimmten Datums, die für die Familien-Geschichte bedeutsam sind.

Dies nur als allgemeine Anregung, hier ist alles der persönlichen Initiative und Vorliebe überlassen. In diesem Falle dient die Familienchronik dann nicht so sehr der Dokumentation rückwärts als vielmehr der nach vorne – um der nächsten Generation einmal Bericht über ihre Vorfahren zu erstatten...

Wie man es auch persönlich vorzieht und anstellt, es ist so und so interessant und faszinierend, sich mit der eigenen Geschichte und der der Seinen zu beschäftigen. Denn wir leben alle nicht im luftleeren Raum, wir sind alle keine Einzelwesen, wie sehr zuweilen der extreme Individualismus ins Kraut schießen möchte (das schleift sich alles wieder ab und regelt sich mit der Zeit, Modeerscheinungen soll man nie überbewerten). Sondern der Mensch ist bekanntermaßen ein "zoon politikon", wie es die alten Griechen formulierten: ein Gemeinschaftswesen. Wir leben miteinander und sind voneinander abhängig. Unsere Beziehungen untereinander sind geprägt von (wenn man sie nicht gleich ewige Werte nennen will) zahllosen Generationen Menschheitsgeschichte, von der der einzelne sich nicht nach Belieben und vermeintlicher Willenserklärung verabschieden kann. Manche tun es natürlich doch. Aber das hat aufs Ganze gesehen nichts zu besagen. Vielleicht ändert sich das, was wir als die traditionelle Familie kennen. Begriff und Wesen dessen, was Familie bedeutet, wird sich ganz bestimmt nicht ändern, "solange die Welt besteht".

FAMILIE – WAS BEDEUTET DAS?

Wer das Bedürfnis hat, eine Familienchronik anzulegen und zu führen, hat naturgemäß auch eine innere Bindung zu dem Begriff Familie, der heute ein wenig ins Wanken geraten ist. Gleichwohl – mag man gewisse Modeerscheinungen ernst nehmen oder nicht – ist der tatsächliche Zustand unserer Gesellschaftsordnung keineswegs so, wie er in den Medien heute vielfach gezeichnet, besser gesagt überzeichnet wird. "Die Ehe hat ausgedient", "Die Familie im traditionellen Sinn gibt es nicht mehr"... – das sind überspitzte, modische Schlagzeilen, die etwas illustrieren oder manchmal auch herbeireden möchten. Tatsache in einem allgemeingesellschaftlichen Sinn sind sie nicht; jedenfalls noch nicht. Und wenn es auch unbestritten in der Gesellschaft Strömungen gibt, die von der traditionellen Ehe und Familie wegführen, so ist die gegenläufige Tendenz ebenfalls vorhanden.

Tatsache ist, daß nach wie vor von der weitaus überwiegenden Mehrheit der Bevölkerung die Ehe und Familie als Grundzelle der Gesellschaft angesehen wird. Und auch unsere Bundes- und Landesverfassungen gehen nach wie vor von dieser Werteordnung aus und haben deshalb Ehe und Familie unter den besonderen Schutz des Staates gestellt.

Diese grundsätzlichen Tatsachen sind im Vorwort bereits angesprochen worden. Die sachliche, offizielle, juristische, gesellschaftliche Seite dieser Thematik ist im folgenden dargestellt.

Der Begriff der Familie wird nicht nur in unserem Grundgesetz und in mancherlei anderen Verfassungen und Gesetzen verwendet. Er findet sich auch international in Menschenrechts- und Grundrechtserklärungen. In Deutschland hat das sog. Familienrecht in den letzten Jahrzehnten teilweise tiefgreifende Veränderungen erfahren, die sich vor allem mit der Realisierung des Verfassungsgebots der Gleichberechtigung der Geschlechter ergaben und aus den Folgen daraus. So ist auch das Ehe- und Scheidungsrecht sowie das Kindersorge- und das Namensrecht stark verändert worden. Wie weit das im Einzelfall nützlich oder sinnvoll, ideal oder fehlerhaft war oder nicht, steht hier nicht zur Debatte. Es geht um die Darstellung dessen, was ist: was Recht ist. Dies muß natürlich nicht immer identisch sein mit den Tatsachen. Doch normalerweise schafft Recht eben Tatsachen.

In Deutschland ist nach dem jetzt geltenden Recht die Familie keine juristische Person und keine selbständige Trägerin von Rechten und Pflichten, sondern "eine soziale Gruppe eigenen Rechts". Das heißt, die Rechte und Pflichten der einzelnen Familienangehörigen sind im Familienrecht besonders geregelt. Dieses wiederum ist "Gegenstand des Privatrechts". Sowohl die Rechtsdiskussion wie die Rechtsprechung zum Thema Familie sind heute noch bei weitem nicht abgeschlossen. Die Familie und vor allem ihr Kern, die Ehegemeinschaft, gelten heute als "autarke", nämlich sich selbst bestimmende soziale Gemeinschaften. Das war nicht immer so. Aber es ist eine sekundäre Eigenschaft, keine primäre. Die primäre besteht in ihrer Existenz selbst. Die sekundären sind ihre Existenzformen.

Der Grundbegriff der Familie ist die Verwandtschaft und ihre verschiedenen Grade, die sich aus Abstammung nach rückwärts und Eheschließung (oder allgemein gesagt "Familiengründung") nach vorne ergeben.

Bürgerliche Familie im Mittelalter (Holzschnitt), um 1550

Bei der Verwandtschaft wird unterschieden nach der in gerader Linie und der in Seitenlinie. Die gerade Linie bilden Vater, Mutter, Kind, Enkelkind, Großmutter, Großvater... Die Seitenlinie sind Geschwister, Onkel, Nichte, Vetter, Base... Der Verwandtschaftsgrad bestimmt sich "nach der Zahl der sie vermittelnden Geburten". Zum Beispiel: Großeltern und Enkel sind Verwandte zweiten Grades in gerader Linie, Geschwister Verwandte zweiten Grades in der Seitenlinie, Neffe und Onkel Verwandte dritten Grades in der Seitenlinie, Vetter und Base Verwandte des vierten Grades in der Seitenlinie. Diese Gradesnähe spielt eine wichtige Rolle beim Erbrecht für die Bestimmung der gesetzlichen Erben. Sie spielt auch eine wichtige Rolle bei den aus dem Inzestverbot oder anderen gesellschaftspolitisch für wichtig erachteten Gründen herrührenden Eheverboten oder -beschränkungen. Eine der wichtigsten Veränderungen in letzter Zeit in dieser Hinsicht, die geradezu als grundlegend anzusehen ist, ist die gesetzliche Festlegung der Verwandtschaft von Vätern mit ihren unehelichen Kindern. Früher bestand eine solche juristisch nicht, ungeachtet der engstmöglichen Blutsverwandtschaft. Diese Klausel wurde inzwischen beseitigt. Es wird auch im Verwandtschaftsrecht jetzt nicht mehr nach ehelichen und nichtehelichen Kindern unterschieden; anders gesagt ist jetzt der uneheliche Vater auch juristisch mit seinen direkten Nachkommen verwandt. Oft wurde in diesem Zusammenhang diskutiert, daß ein uneheliches Kind ohne Vaterschaftsfeststellung stets die Inzest-Gefahr laufen könne, wenn es etwa zu einer Eheschließung oder Nachkommenzeugung mit einem weiteren Abkömmling des eigenen Vaters käme. Solche Diskussionen sind eher akademisch, da die Zufallswahrscheinlichkeit solcher Ereignisse zwar natürlich nicht auszuschließen, in der Realität aber wohl so verschwindend gering ist, daß sie vernachlässigt werden kann. (Daß dies auch für adoptierte Kinder zutreffen könne, worüber ebenfalls zeitweise viel diskutiert wurde, ist freilich faktisch ausgeschlossen, da in diesen Fällen die leiblichen Eltern dokumentiert sind.)

Was adoptierte Kinder angeht, so ist nach der reformierten Rechtslage von heute eine Art gegenteiliger Regelung zu der der unehelichen Kinder getroffen worden, die vor allem Nützlichkeitserwägungen hat. Mit dem Adoptionsgesetz von 1976 erlangt ein adoptiertes Kind die Rechtsstellung eines ehelichen. Dies hat aber zur Folge, daß sein juristisches Verwandtschaftsverhältnis zu den leiblichen Eltern erlischt. Die Juristen streiten sich allerdings bis heute über bestimmte Konsequenzen und deren Sinn oder Widersprüchlichkeit daraus.

Eine weitere Konsequenz aus diesen Erläuterungen ist die, daß sich die juristischen Begriffe Verwandtschaft und Familie nicht mit dem allgemeinen Sprachgebrauch decken, was naheliegenderweise zu manchen Problemen und Irritationen führt.

Die sog. Schwägerschaft ist juristisch gesprochen "die Verbindung zwischen einem Ehegatten und der Verwandtschaft des anderen Ehegatten" und damit schon begrifflich etwas anderes als die Verwandtschaft. Bis heute aber gilt, daß die Schwägerschaft auch nach der Auflösung einer Ehe fortdauert. Linie und Grad der Schwägerschaft entsprechen denen der Verwandtschaft. Bedeutsam wird Schwägerschaft beim Eheschließungs- und Zeugnisverweigerungsrecht.

Zum Begriff der Familie gehört ganz wesentlich der der häuslichen Gemeinschaft. Gerade auf diesem Gebiet ist die Rechtslage und Rechtsprechung in den letzten Jahren sehr in Fluß gekommen und noch immer teils sehr strittig. Der einstige Begriff des "Haushaltsvorstands" (Ehemann, in aller Regel) ist abgeschafft. Abgeschafft ist die einstige Regelung, daß der "Haushaltsvorstand" bzw. Ehemann das Recht der Aufenthaltsbestimmung bzw. -festlegung hat. Abgeschafft ist das einstige zwingende Namensrecht der väterlichen Familienlinie. Hier sind nach neueren Obergerichtsentscheidungen zahlreiche Variationen möglich, andererseits ist die Gesetzgebung dazu noch immer im Fluß. Während Obergerichte bereits entschieden haben, daß Ehename sowohl der des Mannes wie der der Frau sein kann, ebenso der Doppelname (samt Festlegung der zulässigen Reihenfolgen und der Namen der Nachkommen), sind nach wie vor legislative Absichtserklärungen vorhanden, die endgültige Regelungen einer erst künftigen Gesetzgebung vorbehalten wollen. So hat die Mehrheitsfraktion im gegenwärtigen Deutschen Bundestag (CDU/CSU) erst in jüngerer Zeit und als Reaktion auf bestimmte Gerichtsentscheidungen beschlossen und verkündet, daß sie auch bei der Neuregelung des Namensrechts den einheitlichen Ehe- und Familiennamen als Regel beizubehalten wünsche. "Dieser Name betont die besondere Stellung, die Ehe und Familie in unserer Gesellschaft haben." Unterschiedliche Namen von Ehepartnern sollten die Ausnahme bleiben.

Die Veränderungen des Familienrechts haben besonders im Scheidungsrecht gravierende Folgen gehabt. Sie sind in vielen anderen Dingen, wie Rechtskommentatoren immer wieder feststellen und nachweisen, unvollkommen und nicht selten widersprüchlich oder realitätsfern. Eine dieser eher realitätsfernen Neuerungen war die Bestimmung in der Folge der Abschaffung einstiger Vorrechte des Ehemanns, daß die Festlegung der Vornamen ehelicher Kinder im Falle nicht zu erzielender Einigung der Ehepartner von diesem endgültig zu entscheiden sei. Logisch, wenn man der Konsequenz der Realisierung des Gleichberechtigungsgrundsatzes folgt, lebens- und realitätsfremd aber in der Folgerung, daß die Ehepartner sich bei der Festlegung der Vornamen ihrer Nachkommen "eben einigen" müßten. Was allerdings zu geschehen habe – nicht zuletzt im schutzwürdigen Interesse des Kindes –, wenn sich die Ehepartner eben nicht einigen, bleibt offen, begründet mit der insoweit wenig juristischen Denkweise, der Lebensrealität entsprechend seien solche Fälle sicherlich so verschwindend wenige, daß man dieses theoretische Problem vernachlässigen könne. (Während jedermann im Grunde weiß, daß es gerade zu diesem Thema der Namensgebung sehr viel häufiger Meinungs

verschiedenheiten der Eltern gibt als zumindest der in dieser Hinsicht reichlich hilflose Gesetzgeber zu vermuten scheint.)

Die gegenwärtige, durch Gerichtsentscheidungen festgelegte, aber auch durch die politischen Absichtserklärungen der Gesetzgeber bestehende oder jedenfalls vorgesehene Rechtslage zum Namensrecht ist diese:

Durch das Namensrecht soll kein Ehepartner benachteiligt werden. Für den Familiennamen ist der Name eines der beiden Ehegatten oder ein zweigliedriger Doppelname möglich. Einigen sich Ehegatten nicht auf einen gemeinsamen Namen, kann jeder seinen bis zur Eheschließung geführten Namen behalten. Wenn aus zwei mehrgliedrigen Namen ein neuer gebildet werden muß und keine Einigung über die Zusammensetzung erfolgt, soll über die einzelnen Namensteile das Los entscheiden. Kinder können den Namen eines der Ehegatten oder einen aus beiden Namen zusammengesetzten Doppelnamen erhalten. Können sich die Ehepartner nicht einigen, soll das Kind durch Losentscheidung einen Doppelnamen erhalten. Alle Kinder einer Familie sollen jedoch dann denselben Doppelnamen tragen. Bis spätestens zur Namensvergabe für das erste Kind können die Eltern sich für einen gemeinsamen Familiennamen entscheiden, der dann jedoch für beide Ehegatten wie für die Kinder verbindlich ist. Für die sogenannten Altehen, sofern sie nach dem 15. Juni 1976 geschlossen wurden, sollen dieselben Prinzipien gelten. Doch dies alles, wie gesagt, ist noch im juristischen und legislativen Fluß. Ganz so problemlos wird es auch dabei trotz aller bereits getroffenen und noch vorbereiteten Entscheidungen mit Sicherheit nicht abgehen.

Daß sich in den letzten Jahrzehnten tatsächlich im Ehe- und Familienrecht gewaltige Veränderungen vollzogen haben, zeigt nicht nur die Realität. Die sog. Ehe ohne Trauschein, die heute weit verbreitet ist (wenn auch zu einem guten Teil als "Ehe auf Probe", die nach gewisser Zeit in eine "offizielle" Eheschließung mündet), stellt eine "gesellschaftliche Realität" dar. Noch vor zwanzig Jahren war sie ein Straftatbestand unter dem Namen "Konkubinat". Über die Sprachregelungen "Wilde Ehe" oder auch in dem Sonderfall "Onkelehe" hat sie sich zur "Wohn- bzw. Lebensgemeinschaft" gewandelt; der juristische Begriff und damit der Straftatbestand des Konkubinats wurde abgeschafft. (Noch vor einer Generation war ja auch der Geschlechtsverkehr zwischen Unverheirateten juristisch "Unzucht" und "die Gewährung gemeinschaftlichen Übernachtens selbst Verlobter in einer elterlichen Wohnung" wurde als Kuppelei strafrechtlich geahndet.) Davon ist weiter unten noch einmal die Rede.

Zur häuslichen Gemeinschaft gehören die "Rechte und Pflichten", von der "Lebensgemeinschaft" allgemein bis zur Unterhaltspflicht im besonderen, vom "Selbstverwirklichungsrecht" bis zur "Treuepflicht", vom Recht auf die eigene Persönlichkeit und ihre Würde bis zur Fürsorgepflicht. Auch hier jedoch ist der Rechtszustand heute uneinheitlich. Gesetzlich formulierte Rechte und Pflichten gibt es heute nicht mehr. Die einstige juristische Formulierung "Lebens- und Geschlechtsgemeinschaft", woraus sich die bekannte volkstümliche Formulierung von den "ehelichen Rechten" (bzw. Pflichten) besonders hinsichtlich der Geschlechtsgemeinschaft ergab, ist heute allenfalls noch als "wesensimmanent" anerkannt, jedoch nicht mehr als ausdrückliche juristische Formulierung und damit einklagbarer Tatbestand. Auf deutsch: es ist heute nicht mehr so, daß der Ehemann seine ehelichen Rechte in dieser Hinsicht schlichtweg kraft Gesetzes verlangen und quasi einklagen kann und die Ehefrau sie als Teil ihrer Pflichten gewähren muß, will sie sich nicht einer Eheverfehlung schuldig machen, die ein Scheidungsgrund sein könnte; jedenfalls nicht direkt-juristisch, sondern höchstens auf dem heute gültigen Weg der dadurch bewirkten Zerrüttung, die jetzt noch der einzige Scheidungsgrund ist. Hier winden sich die heutigen Gesetzeskommentatoren, ebenfalls mit der Formulierung "wesensimmanent", um die eindeutige Festlegung dieser veränderten Rechtslage etwas herum. Denn dies alles fällt nach jetzigem Recht unter die Selbstverantwortung und -bestimmung der Eheleute, die gehalten sind, sich ihr gemeinsames Leben nicht mehr nach juristischen Normen einzurichten, sondern nach dem, was sie selbst aus ihrer Ehe zu machen gedenken. Anders gesagt: einst war die Ehe eine quasi öffentliche Einrichtung, jetzt ist sie eine "Privatangelegenheit" – mit Einschränkungen natürlich, insbesondere, was ihre Kinder und ihre Auflösung angeht.

Alle Streitangelegenheiten innerhalb einer Familie, soweit sie nicht in der Familie selbst regelbar sind – faktisch oder juristisch – unterliegen heute der Rechtsprechung der Familiengerichte. Dies gilt selbstverständlich in erster Linie für die Ehescheidung, die Eheaufhebung und die Ehenichtigkeit sowie die Feststellung über Bestehen oder Nichtbestehen einer Ehe, ferner die Streitigkeiten über die Herstellung des ehelichen Lebens, aber auch für alle anderen juristischen Familiensachen, zu denen etwa Streitigkeiten über das Sorgerecht für die Kinder zählen, so in erster Linie die Feststellung von Unterhaltsverpflichtungen. Allerdings rügen Rechtskommentatoren, daß die Bezeichnung dieser erst vor einigen Jahrzehnten eingerichteten Familiengerichte im Grunde irreführend sei, weil es sich weder um eine besondere Gerichtsbarkeit noch um ein tatsächlich besonderes Gericht handle, noch um die Entscheidung wirklicher Familiensachen, sondern nur um Ehesachen. (So sind beispielsweise nach wie vor Kindersachen dem Vormundschaftsgericht vorbehalten.)

Dagegen ist, was Juristen den Lebenssachverhalt nennen, soweit es Familie und Ehe betrifft, eindeutig. Aus der Ehe entsteht durch die Geburt eines Kindes eine Familie. Rechtlich ist das bedeutend weniger einfach. Doch das sind eher Themen für juristische Seminare. Jedenfalls ist eindeutig und unbestritten, daß sich in unserer Zeit die Familie in einem tiefgreifenden sozialen Wandel befindet. Doch sagt dies noch nichts über ihre Existenz aus. Viele alte Familienstrukturen, die vor allem im landwirtschaftlichen und handwerklichen Bereich auch Produktionsgemeinschaften bzw. -einheiten waren, haben sich aufgelöst oder gewandelt. Doch sie sind keineswegs ganz verschwunden. Auch darüber ist weiter noch einiges anzumerken. Ein weiteres Definitionsmerkmal der Familie ist die Konsumgemeinschaft, was jedoch ein eher diffuser Begriff ist. Die Familie als soziale Versorgungseinheit ist angesichts eines komplizierten und vielschichtigen Versicherungswesens und mancher Fluktuationen ebenfalls nicht mehr ein so klarer Begriff wie einst; was jedoch nicht heißt, daß dieser ganz unbedeutend geworden wäre. Und schließlich gibt es noch die Gestaltungsfaktoren des Familienrechts, die im Wandel der Zeit, der sozialen Strukturen und der Wertbegriffe nicht minder unscharf zu definieren sind. Juristen trennen auch hier die Rechtswirklichkeit von der Lebenswirklichkeit. Davon war bereits oben kurz die Rede.

Eben an der Lebenswirklichkeit muß sich letztlich jede Darstellung der Geschichte der Familie orientieren. Nach allgemeinem, bis heute auch gültigen Verständnis, sind Ehe und Familie die Keimzelle der Gesellschaft. (Freilich beginnt selbst die Geschichte der Menschheit bereits mit Ehestreit und Bruderzwist. Der christlich-jüdischen Theologie zufolge stehen gleich ganz am Anfang nicht nur die Gründung von Ehe und Familie, sondern auch, zwischen Adam und Eva, der Ehestreit, und der Bruderzwist ihrer Nachkommen Kain und Abel.) Auch in der griechischen Mythologie gab es nicht nur Ideale von Schönheit und Harmonie, sondern vom Beginn an auch Konflikt – in der Form der Auflehnung von Zeus und seinen Brüdern gegen die ihrer Meinung nach tyrannische Herrschaft ihres Vaters. Man sieht: weder Ehekrisen noch Generationskonflikte sind irgend etwas Neues oder Modernes. Beide Mythen bekunden, daß solche Dinge buchstäblich Teil allen menschlichen Lebens sind und immer schon waren. (Mit diesen Beispielen argumentieren übrigens Gegner allzu rascher Konfliktlösungen durch Scheidung und sonstige Trennung gern: viel zu oft erliege die Generation von heute mit ihrer Scheidungs- und Trennungswut der ihnen von ihren Medien suggerierten Scheinwelt konfliktfreier Idealbeziehungen und werfe die Flinte schon bei ersten und leichtesten Konflikten ins Korn statt sich ihnen zu stellen und sie gemeinsam aufzuarbeiten, nachdem Konflikte im Zusammenleben nun einmal menschlicher Ur-Natur entsprächen...)

Im übrigen liegt diesen alten Mythen ja auch die Vorstellung zugrunde, daß die Familie "seit Anbeginn" existiert und aus dem Leben der Menschen einfach nicht fortzudenken ist, obwohl sie zugleich Konflikte, Krisen und Veränderungen in sich trägt. Tatsache ist, daß die Familie, wie immer sie sich im einzelnen definiert, in allen Völkern der Erde existiert. Im übrigen stellte einmal ein Buch über die Geschichte der Familie als sozialer Institution mit einigem Recht fest: "Vor allem kann man auch das Moment der Krise als ebenso ewig bezeichnen wie die Existenz der Familie selbst. Vermutlich gab es seit Adams Zeiten keine Generation, die nicht in irgendeiner Form davon überzeugt war, daß die Familie als Institution dem Zerfallen nahe und die guten alten Bräuche durch zu freie Sitten zum Untergang verurteilt seien." Was natürliche Wandlungen und Anpassun-

"Adam und Eva im Paradies",
Albrecht Dürer

gen sind, wird als Existenzverlust angesehen. Die Gründe für diese Ansichten sind aber leicht einzusehen. "Ihre Vorstellung von dem, was eine Familie sein sollte, bilden die Menschen sich naturgemäß immer, wenn sie noch sehr jung und beeindruckbar sind. Sind sie erwachsen, hat sich mittlerweile die Welt wieder ein Stück verändert und mit ihr auch die Familie, die nämlich die anpassungsfähigste aller menschlichen Institutionen ist."

Darin liegt gewiß viel Wahrheit, jedenfalls sehr viel mehr als in allen juristischen und sogenannten gesellschaftspolitischen Tüfteleien, die allzuoft nur sehr kurzsichtig und auf ein Wunsch- (oder auch Schreckens-)bild dieser oder jener Art hin orientiert sind.

Zu den vielen Unsicherheiten gerade heute über Bestand, Wesen und Zukunft von Ehe und Familie gehört auch der Glaube, der Zeitenumbruch, in dem wir leben – in einem Jahrhundert, in dem sich die Lebensbedingungen so gründlich gewandelt hätten wie in keinem zuvor –, lasse alles Überkommene untergehen. Aber auch in anderen Jahrhunderten sind oft nicht weniger drastische Veränderungen vor sich gegangen, wenn auch fraglos der Wandel in unserer Zeit wesentlich universaler ist als er es früher je sein konnte.

Das schier grenzenlose Zahlenmaterial, das heute jedem, der irgend etwas dokumentieren oder nachweisen will, zur Verfügung steht, hat auch im Bereich der Familie zu allerlei Aufregung geführt. Politiker, Soziologen und selbst Geistliche haben schon die Überzeugung geäussert, die Familie befinde sich heute in einer hoffnungslosen Krise. Ein Verhaltensforscher behauptete, die Familie habe "ihre Kraft und ihre Richtung" verloren. Ein anderer prophezeite einen "tiefgreifenden Umsturz" der Familie und noch ein anderer brandmarkte sie als eine "pelzverbrämte Bärenfalle", die manche ihrer Mitglieder in den Wahnsinn treibe. Andere Anthropologen, Soziologen oder Psychiater fanden zwar keine so drastischen Bilder, äußerten aber auch ihrerseits düstere Befürchtungen über den "Niedergang der Familie", ihre "Auflösung", ihren "Zerfall", ihren "Kollaps", sogar über ihren "Tod". Ob sie damit recht bekommen, stellt das bereits oben erwähnte Buch über die Welt-Geschichte der Familie*) in Frage. Möglich sei alles. Tatsache sei aber immerhin, "daß die Familie zu den ältesten und zähesten Institutionen der Menschheit gehört. Aber wenn Familien heute nicht mehr zu sein scheinen, was sie einmal waren, so kann dies durchaus bedeuten, daß sie nicht untergehen, sondern sich einfach nur wandeln."

Tatsache ist im übrigen auch, daß alle schon früher ausprobierten und in unserer Zeit besonders modisch gewordenen sogenannten Alternativmodelle zur traditionellen Familie niemals länger überlebt haben als einige Jahre oder maximal die Lebenszeit ihrer Gründer oder Protagonisten. Denn alle diese Modelle waren entweder a) von vornherein auf die Persönlichkeit ihrer zentralen Figuren zugeschnitten, also, mit anderen Worten, eine besondere Spielart des Personenkults, oder auf extreme politische, religiöse oder gesellschaftliche Ideen, die bald wieder oder spätestens mit ihren Verkündern starben; oder sie waren und sind b) immer und aus den verschiedensten Gründen nicht überdauernsfähig, also lediglich sozusagen ad hoc-Veranstaltungen.

*) "Die Familie", Time-Life-Bücher

Letzteres muß nicht unbedingt und immer eine negative Bewertung sein. Nur waren und sind alle diese Modelle eben nicht "mehrheitsfähig", wie man das heute in politischer Terminologie nennt, und folglich letztlich gesamtgesellschaftlich nicht brauchbar oder verbindlich.

Zu der ersteren oben genannten Gruppe gehören die "Gemeinden", von denen es eine Anzahl mehr oder minder bekannt gewordener gibt: die Unitarier in Kalifornien (dem traditionellen "Playground" für unkonventionelle Alternativen – allerdings meist eher spintisierender) oder die Oneida-Gemeinschaft des 19. Jh. in New York, oder die esoterischen Kommunen in der Schweiz zu Beginn der 30er Jahre, oder, in unserer Zeit, die gespenstische Sektenkommune (wieder aus Kalifornien) des Hochstaplers Jim Jones mit ihrem Massenselbstmord von 900 Menschen im Dschungel von Guayana 1978 – ein Sonderfall von "Kommune" ähnlich der Sektenkommune des "Guru" Baghwan Maharischi Maresch – oder auch Radikalversuche wie etwa die Kommunen des "Radikalkünstlers" Otto Mühl (samt ihrer Degeneration, Entartung und ihrem teils selbstverschuldeten, teils juristisch erzwungenen Ende in allerjüngster Zeit). Sonderfälle sind des weiteren die Groß-Kommunen der Amish in Amerika oder der vergleichbaren Hutterer im Westerwald. Ein Sonderfall ebenso das Kibbuz-Modell in Israel (von dem sich aber ebenfalls bereits gezeigt hat, daß es über eine bestimmte Zeit mit bestimmten Umständen und Existenzverhältnissen hinaus nicht unbedingt überlebensfähig und vor allem nicht übertragbar, exportierbar, nachahmbar ist.) Und so gibt es noch zahlreiche Beispiele.

Zur zweiten Gruppe gehören heute vor allem die aus den "Kommunen" der 68er-Bewegung entstandenen, unter Studenten und Intellektuellen bis heute sehr

beliebten (aber meistens auch nur noch rein pragmatisch orientierten) Wohngemeinschaften; sie sind zwar für manche zu einem Dauerzustand ihrer Lebensorganisation geworden, doch weder haben sie sich als allgemeine Lebensnorm nennenswert durchsetzen können, noch sind sie auch in aller Regel mehr als pure Folgen der Wohnungsknappheit; sie sind schon aus diesem Grunde fast alle zeitlich begrenzt oder jedenfalls der personellen Fluktuation unterworfen: Die Wohnung, die als "WG" genutzt wird, existiert oft über viele Jahre, aber ihre Bewohner wechseln häufig, wie in Wohnheimen. Was sonst noch alles in den letzten Jahrzehnten an "alternativen" Modellen entstand, vom gemeinschaftlich betriebenen Bauernhof, der Landkommune, bis zu sonstigen Lebens- und Aktionsgemeinschaften, von der Theatertruppe bis zur alternativen Schreinerei, ist weder neu noch repräsentativ. Dergleichen hat es, da muß man nichts überbewerten, immer in den entsprechenden zeitgemäßen Formen und angesichts herrschender Verhältnisse als deren Kehrseitenspiegel gegeben. Und es sind gesellschaftliche Randerscheinungen, die einen zu geringen Prozentsatz ausmachen, als daß sie größerer Erwähnung als eben der Kenntnisnahme ihrer Existenz wert wären (wie wichtig immer sie selbst sich und ihre Bedeutung und "Ausstrahlung" nehmen), und es gehört zu ihrem Wesen, daß sie sich als "Trendsetter" verstehen, als Vorreiter neuer Entwicklungen und sich, ganz generell, eben ganz ungeheuer selbst überschätzen; doch das ist wieder ein anderes Thema. In unserer pluralistischen und liberalen Gesellschaft werden solche Alternativen toleriert. Man weiß heute, im Gegensatz zu anderen Zeiten (und auch noch anderen Ländern heute!), daß sich eine stabile Gesellschaft solche Abweichungen von der Norm leisten kann. Es ist auch unbestritten, daß bestimmte Ausstrahlungen solcher alternativer Gesellschaftsmodelle durchaus positive Rückwirkungen auf das Denken und Handeln der Gesamtgesellschaft haben können (negative indessen ebenso!), und die Maxime, daß in Gottes Namen jeder nach seiner Façon selig werden solle, ist gleichfalls weder neu noch gesellschaftsgefährdend. Festzuhalten bleibt aber, daß bisher alle Versuche, wirkliche, dauerhafte und allgemeingültige bzw. "mehrheitsfähige" Alternativen zur überkommenen Familie zu schaffen, schlicht gescheitert sind, auf die Dauer jedenfalls und vor allem als Modelle oder Vorbilder. Und daß sie, bedenkt man es recht, auch gar nicht mehr sein konnten (falls sie dies gewollt haben) als Ausnahmen von der Regel. Und das heißt logischerweise, daß die "Regel" letztlich weiterbesteht. (Dazu gibt es im übrigen das schöne Wort als Antwort auf die heute so modische Willenserklärung, wonach so gut wie jeder "das Besondere", "das Andere", "das Außergewöhnliche", "das Nichtnormale" zu wollen verkündet, nämlich letztlich das Lebensziel, aus der Reihe zu tanzen: "Wenn das ein jeder täte, wo bliebe da binnen kurzem noch die Reihe, aus der zu tanzen wäre?")

Dies alles und die Abwägungen und die Betrachtung unter größeren zeitlichen und kulturellen Zusammenhängen veranlaßte das oben schon erwähnte Buch über die Welt-Geschichte der Familie zu einem Fazit, das nur logisch erscheint: Gut denn, seien Ehe und Familie, ungeachtet der Tatsache, daß sie weltweit Jahrtausende überlebt haben, "unvollkommen"; so seien jedenfalls auch alle bisher angebotenen, praktizierten, versuchten Alternativen (und mehr als die schon ausprobierten kann es nicht gut geben) mindestens ebenso unvollkommen, ihrem jeweiligen eigenen Anspruch zum Trotz.

Es bleibt allenfalls noch eine zusätzliche Überlegung zu der oben zitierten Artikelüberschrift einer führenden Wochenzeitung: "Die Ehe hat ausgedient". Derlei ohne größere Hemmungen hinzuschreiben, ist schon etwas überraschend, wenn man das Forum, nämlich das Blatt bedenkt, in dem dies erschienen ist. Immerhin eine Zeitung, von der man nicht annehmen muß, daß sie Boulevardjournalismus betreibt, der sich bekanntlich wenig um Gewichtungen, Auswirkungen und Verantwortlichkeiten, oder überhaupt letztlich die Wahrheit, kümmert, sondern bei der man annehmen darf, daß die Leute, die dort arbeiten und schreiben, sich etwas denken. Tatsache ist, daß die sog. Ehe ohne Trauschein eine gesellschaftliche Realität von heute ist, so verbreitet und auch akzeptiert, daß man sie nicht mehr nur als bizarre Randerscheinung abtun kann. Tatsache ist, daß selbst "Lebensgemeinschaften" von Angehörigen gesellschaftlicher Randgruppen (Homosexuelle, Lesben) sich heute einer Freizügigkeit und Toleranz erfreuen, die in der Geschichte beispiellos ist. Doch dies auch nur nebenbei. Tatsache ist aber ebenfalls, daß die Ehe ohne Trauschein jedoch mindestens ebensosehr wie Ausdruck veränderter allgemeiner Lebensansichten ganz gewiß auch eine Modeerscheinung ist, die mit von den Lebensrealitäten bestimmt ist (verwischte Sozialstrukturen, soziale Sicherung, Wohnraumknappheit usw.). Jüngere Statistiken versuchen zu belegen, daß sie sogar zu einem guten Teil gar nicht als Alternative gedacht, verstanden und praktiziert wird, sondern ganz pragmatisch eine Probe- und Vor-Ehe ist, ein "moderner Mittelweg", eine Zwischenstation zwischen dem einstigen "vorehelichen Verhältnis" und der offiziellen späteren Ehe, daß sie also in relevanter Häufigkeit nach gewisser Zeit in eine normale Ehe mündet – sofern sie dann noch besteht. Dieser Zeitpunkt tritt vorwiegend dann ein, wenn aus der Lebensgemeinschaft eines Paares eine im Definitionssinne Familie wird, nämlich, wenn aus ihr Kinder hervorgehen. Die gesellschaftlichen Zwänge ebenso wie das gesamte Gesellschaftsgefüge von Normen, Recht und Gesetz lassen dann viele einsehen, daß die Legalisierung ihrer Gemeinschaft vorteilhaft ist, zumindest für ihre Nachkommen, und letztlich das Normale sein wird.

Der besagte Wochenzeitungsartikel leitete seine Überschrift vor allem von den "Rechtsbegradigungen" ab, die in den letzten Jahren durch Gesetzgebung und Verfassungsgerichte vorgenommen wurden: von der schrittweisen Realisierung der Gleichberechtigung bis zum gemeinsamen Sorgerecht auch nichtverheirateter Eltern für ihre Nachkommen und sonstiger zögernder Anpassung der Rechtsprechung an die gesellschaftliche Realität. Es ist unbestreitbar, daß auf diesem Gebiet moderne und wohl auch überfällige Korrekturen nötig waren und tatsächlich erfolgt sind. Denn wie im gesamten Kulturverständnis war auch auf diesem Gebiet bis in die jüngste Zeit hinein das 19. Jh. noch nicht zu Ende und galten dessen Maßstäbe als verbindliche Normen, während die Lebenswirklichkeit eben das 20. Jh. darstellte mit allen seinen Veränderungen. Doch andererseits gibt es auch jahrhundert-unabhängige Tatsachen. Man kann bei alledem eben auch nicht so einfach verkürzt denken und argumentieren, als liessen sich wirklich durch gewisse Moden und Verschiebungen der Ansichten und Schwergewichte Grundtatsachen der menschlichen Existenz einfach ignorieren oder außer Kraft setzen. Es bedarf an dieser Stelle keiner abschließenden Wertung und Beurteilung aller dieser Dinge. Dazu sind sie noch viel zu sehr im Fluß, noch viel zu sehr umstritten, und werden noch viel zu sehr mit den Augen der Tagesaktualität gesehen. Am Ende wird nur keine Einzelperson und keine Gesellschaftsordnung ignorieren können, daß gesellschaftliche Veränderungen niemals kurzatmig in einigen Jahren oder Jahrzehnten erfolgen; Umwälzungen ja, infolge geschichtlicher Drangperioden aller Art (Kriege und gewaltsame oder intellektuelle Revolutionen); aber grundlegende Bewußtseinsänderungen hinsichtlich der Grundtatsachen menschlicher Existenz ganz gewiß nicht. Die ganze bisherige Menschheitsgeschichte ist ein sehr nachdrücklicher Beweis dafür, daß bestimmte Grundtatbestände wie Ordnungszellen

– Familie, Gemeinde, Staat – dem Menschen wesensimmanent sind und sich also wohl niemals ändern werden, allen Anarchisten zum Hohn und Trotz. Es wird auch sie, die Anarchisten, natürlich immer geben, aber sie werden niemals die Mehrheit sein. Die Persönlichkeitsbindungen, die die Familie schafft, bleiben ganz gewiß ein Grundbedürfnis der Menschen in ihrer Gesamtheit. Davon darf man wohl getrost ausgehen, wie vorsichtig man erfahrungsgemäß "gerade heute" mit Prognosen sein muß. Und es ist dabei auch durchaus zweitrangig, wie die kon-

"Es ist des Menschen ewige Sehnsucht, für sich und die Seinen um die Zukunft zu sorgen und sie zu erblicken...",
Erhard Schön,
Nativitatiskalender,
Titelblatt, Nürnberg 1515

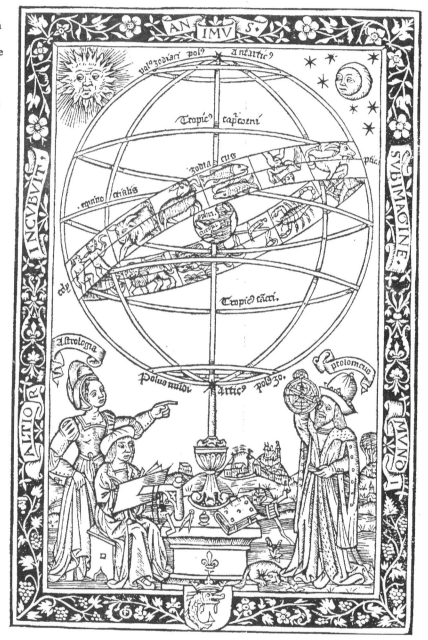

kreten Vorstellungen von der Lebensweise und dem Funktionieren der Familie im einzelnen aussehen. Da gab und gibt es selbstverständlich im Laufe der Zeiten und in den verschiedenen Ländern oder Kulturkreisen große Unterschiede; doch eben in der Praxis, in der Ausführung, nicht in der Grundtatsache selbst.

Die Familie der Zukunft mag auch, für immer oder nur vorübergehend, einen Teil ihrer einstigen Funktionen und Aufgaben verlieren – oder freiwillig aufgeben (obwohl derlei natürlich nicht durch bewußte Willensakte geschehen kann). Das alles sind Folgen von Entwicklungen und damit völlig normale Veränderungen. Jedoch bleiben wird von ihr, so vermutete einer der zahllosen Soziologen, die sich mit dem Thema seit Jahrzehnten beschäftigen, nicht zuletzt, was er die "affektive Funktion" der Familie nannte: also den Aspekt von Zuneigung und Geborgenheit. Eben dieser wird in den modernistischen Diskussionen zum Thema allzuoft und allzuleicht übersehen oder beiseitegeschoben – in Ignorierung von Erkenntnissen, die immer wieder aufs Neue bestätigen, daß praktisch alle Menschen als ihre wesentlichen Wünsche, Hoffnungen und Erwartungen an das Leben und ihre Welt stets an erster Stelle diese nennen: Frieden, Glück, Geborgenheit. Diese Geborgenheit findet sich aber immer nur in der Familie – wie immer sie im einzelnen aussieht und konstruiert ist. Familie ist nämlich nicht nur ein technischer Begriff. Sie hat auch mit Beispielgebung (die Fachleute nennen es Sozialisation) zu tun, und mit gemeinsamer Sprache – direkt und indirekt. Letztere entwickelt sich und funktioniert vor allem in der indirekten Form nur in der kleinen Lebensgemeinschaft und ist ein wesentliches Merkmal dafür, daß Geborgenheit zustande kommt. (Daß es eine Familienkrise gibt, die Familien schafft, welche durch die Verhältnisse alles andere als Geborgenheit vermitteln, ist natürlich ebenso eine Tatsache, aber noch kein Gegenbeweis: "Die Tatsache, daß es Morde gibt, ist kein Argument gegen die Menschheit." Früher sagte man: "Die Tatsache, daß es Autounfälle gibt, ist kein Argument gegen das Auto." Damit muß man inzwischen etwas vorsichtiger sein, denn es gibt mittlerweile genug Argumente gegen das Auto; sie machen allerdings die für das Auto sprechenden auch noch nicht ohne weiteres gegenstandslos...)

In der Diskussion und den Ansichten über die Familie bedarf es zweifellos wieder etwas mehr der ausgewogenen Haltung, einer vernünftigen Mitte. Mit anderen Worten, Extremhaltungen sind außer zur Polemik zu wenig tauglich. Gewiß, Polemik bewegt gelegentlich die Dinge. Aber wenn sich die Dinge dann bewegt haben, streben sie rasch wieder Ruhe und Gleichgewicht, also Ausgewogenheit, an. Nicht anders ist es mit dem, was man Familie nennt, nennen will, oder auch nicht; oder was man sich darunter vorstellt.

In einem Interview zu ihrer Zeit als Bundesministerin für Familie, Gesundheit und Jugend bekräftigte die heutige Bundestagspräsidentin Rita Süßmuth einmal die zwar ihrer Parteizugehörigkeit entsprechenden, eher konservativen, letztlich aber doch nach wie vor allgemein anerkannten Grundsätze und Ansichten:

Frage: Uns scheint, daß der Begriff der Familie in unserer Gesellschaft heute einer, sagen wir, Zerreißprobe ausgesetzt ist.

Antwort: Familie muß auch heute entsprechend den Lebensvorstellungen ihrer Mitglieder, den Bedürfnissen der Kinder nach Betreuung, Zuwendung und Erziehung, und angesichts veränderter gesellschaftlicher Bedingungen konkret gestaltet werden. Soweit Sie die sich ändernde Rolle der Frau in der Familie ansprechen, meine ich, daß wir auch ein verändertes Rollenverständnis der Männer in der Familie einbeziehen müssen. Denn nicht nur die Frauen sind für den Familienbestand oder veränderte Familienformen verantwortlich. Junge Frauen sehen heute in ihrer Mehrzahl sowohl die Familie als auch die berufliche Tätigkeit außerhalb der Familie als Teil ihrer Lebensplanung an. Das wissen wir aus wissenschaftlichen Untersuchungen in der jungen Generation. Frauen möchten Familienleben und außerhäusliche Arbeit miteinander verbinden, in zeitlicher Abfolge oder auch gleichzeitig...

Frage: Immer wieder muß neu definiert werden, was man sich unter "Familienpolitik" denn genau vorzustellen habe...

Antwort: Wie es Menschen gelingt, ihr Familienleben zu gestalten, hängt auch von den gesellschaftlichen Bedingungen ab, unter denen sie leben. Deshalb muß der Staat die Rahmenbedingungen für die Familien verbessern. Gerade von jungen Menschen wissen wir, daß sie in ihrer Mehrheit das Leben in einer Familie bejahen und selbst Kinder haben möchten. Die Medien, die sich vorwiegend mit negativen Aspekten, Verweigerungen, Kritik etc. befassen, vermitteln auch sehr oft ein schiefes Bild, wenn man dieses für die Norm oder die große Mehrheit hielte. Politik bei uns will niemandem vorschreiben, wie er denn leben soll. Aber wir sind natürlich der bei uns ja wohl nicht parteiengebundenen, sondern einer wirklichen allgemeinen Mehrheits-Überzeugung, daß gerade die Familie der Ort ist, wo soziale Verhaltensweisen und menschliches Miteinander gelernt und gelebt werden können.

Frage: Können Sie sich eine Gesellschaft in 30 oder 50 Jahren vorstellen, in der es die heutige "klassische" Familie nicht mehr gibt, ohne daß die Gesellschaft quasi zusammenbricht?

Antwort: Ich bin keine Hellseherin. Aber ich kann diese Frage aus meiner Erfahrung und aus tiefer Überzeugung beantworten. Familie ist als Ort des Geborenwerdens und Heranwachsens von Kindern ebenso unverzichtbar wie als Ort der mitmenschlichen Begegnungen von Menschen unterschiedlichen Geschlechts und unterschiedlicher Generationen. Ohne Familie hat ein Volk und seine Kultur keine Zukunft. Dabei gibt es für mich allerdings kein einheitliches Bild, wie die Zusammensetzung der Familie und wie die Rollenverteilung der Familie aussehen kann.

NAMEN, NAMENSRECHT, UND NAMENSÄNDERUNG

Wir haben alle einen Namen. Der Name ist eine Zivilisationserrungenschaft, aber auch eine Zivilisations-Notwendigkeit. Man kann sich in einer Ur-Gesellschaft eines Clans von 10 Neandertalern vorstellen, daß dieser Gesellschaftsverband ohne Namen für das einzelne Individuum auskommt. Spätere Gesellschaften wie die frühen historischen Germanen kamen noch mit einem Namen aus: Armin, der Cheruskerfürst, Krimhilde, Siegfried, Hagen. Dieser letztere hatte freilich bereits seine zusätzliche Herkunftsbezeichnung: von Tronje; das sind Anfänge des Adelsprädikats. Aber schon bei den alten Römern waren andererseits zwei bis drei Namen als "Unterverzeichnisse" üblich, jedenfalls bei den höhergestellten Herrschaften: Marcus Aurelius, Gaius Julius Caesar. Die Griechen waren noch mit einem ausgekommen: Sophokles, Sokrates, Solon, Euripides. Doch man stelle sich in der heutigen Massengesellschaft Namenlosigkeit oder Ein-Namigkeit vor: Hans, Eduard, Friederich... (Und dem steht die amerikanische Manie, jeden, mit dem man nicht gleich Krieg führt oder der nicht Präsident ist, mit dem Vornamen anzureden, nicht entgegen; das liegt auf einem anderen Gebiet.) Kurz, wir haben, was ja allgemein bekannt ist, jeder einen Zu- oder Familiennamen und mindestens einen, in der Regel aber zwei oder drei Vornamen. Letzteres hat allerdings nichts mit genaueren "Unterverzeichnissen" zu tun, um den Meier Fritz Eduard Georg vom Meier Fritz Alfons Josef zu unterscheiden, sondern es hat religiöse Gründe. Obwohl sich die weitere Diversifizierung der Namen heute in den Doppelnamen sehr bemerkbar macht. Da gibt es die nichtamtlichen und die amtlichen. Der Abgeordnete Müller möchte einwandfrei erkennbar sein, wenn von ihm in Parlamentsberichten die Rede ist. Denn in

23

seinem Parlament gibt es noch drei andere Müller. Also legt er sich ein zusätzliches Unterscheidungsmerkmal zu und nennt sich Müller-Berlin oder Müller-Hinterhausen. Der normale Bürger Müller Heinz wiederum findet es nicht gut, daß er im Telefonbuch zusammen mit zehn anderen Müller Heinz steht, unterscheidbar allenfalls durch die Anschrift, aber wer kennt schon seine Anschrift; er will für seine Kunden und Geschäftspartner eindeutig erreichbar sein, ohne daß diese alle zehn Müller Heinz anrufen und abfragen müssen. Also läßt er sich ins Telefonbuch als Müller-Kaufmann eintragen oder Müller-Sonnendach oder so etwas.

Die Frage ist hier natürlich: dürfen der Abgeordnete Müller und der Kaufmann oder Sonnendachhersteller Müller diesen Namenszusatz wirklich verwenden? Dazu später.

Wie sind unsere Namen eigentlich entstanden und was sagt unser heutiges Namensrecht?

Die Familiennamen sind ein abgeschlossener Kreis und haben alle eine ursprüngliche Sinnbedeutung, die heute natürlich völlig irrelevant ist und keinerlei praktische Bedeutung mehr hat. Es sei denn, Heinrich Bäcker ergriffe den Beruf, den sein Name signalisiert.

Die Berufsnamen sind auch am einfachsten zu erklären. Müller, Schuster, Schneider, Bauer, Schreiner. Der Ur-Vorfahre, der ihn bekam, übte eben diesen Beruf aus. Das ist heute, 10 oder 20 oder 30 Generationen später, natürlich belanglos. Insofern kann jeder jeden Namen haben, sozusagen.

Historisch gesehen gibt es Familien-(Zu-)Namen noch nicht besonders lange: gerade 500 bis maximal tausend Jahre. Zuvor hatte man nur die Vor-Namen. Ausnahmen waren schon damals allenfalls Adelsnamen. In manchen Gebieten Deutschlands bürgerten sich um die erste Jahrtausendwende unserer Zeitrechnung Familiennamen ein, in anderen, beispielsweise in Bayern erst um 1500. Im wesentlichen hat dies auch mit der Ausbreitung des Christentums zu tun.

Im Einzelfall mag es ganz amüsant oder auch interessant sein, nachzuforschen, was denn der Name der eigenen Familie bedeute, woher er sich also ursprünglich abgeleitet habe; obwohl es, wie gesagt, für die heutigen Träger schon seit vielen Generationen nichts Konkretes mehr bedeutet, selbst wenn sich der eigene Name von einem Schimpf- oder Tadelsna-

men ableitet. Man kann sich seinen Namen eben nicht aussuchen; seinen Geburtsnamen jedenfalls nicht.

Über die Geschichte und Entwicklung der Namen gibt es eine umfangreiche wissenschaftliche Literatur. Es gibt Lexika, die Entstehung, Herkunft und Sinn der Familien- und auch der Vornamen erläutern.

Alle Namen leiten sich von einer ganzen Reihe von Ursprüngen ab; von Ortsnamen und von Charakterbezeichnungen, von Wohnorten und von Herkunftsgegenden und Berufen, von Rangbezeichnungen und Wertungen und noch vielem sonst. Und viele leiten sich auch direkt von eigentlichen Vornamen ab. Es war in der Zeit der Entwicklung des Zusatznamens nicht selten, daß eben der "eigentliche", der einzige, der Vor-Name, zum Ganz-Namen, Clan-Namen wurde. Auf diese Weise gibt es heute den Heinz Rudolph oder den Andreas Franz oder den Heinrich Albert(z). Jeder zumindest deutsche Standesbeamte wird aber mit aller ihm zu Gebote stehenden Beredsamkeit und auch Amtlichkeit verhindern, daß jemand namens Balthasar seinem Sohn eben diesen Vornamen dazugibt. Balthasar Balthasar kann bestenfalls eine Buch- oder Bühnen-/Filmfigur sein. In der Wirklichkeit wird er nicht vorkommen, sowenig wie der Karl Karl oder der Heinrich Heinrich. Selbst bei Karlheinz Karl und Heinz Heinrich wird der Standesbeamte eisenhart bleiben.

Zusätzliche Namensvielfalt ermöglicht die oft umfangreiche Diversifizierung durch Schreibweisen und Umformungen, Umwege, Mitnahmen, Importe, Abschleifungen, regionale Dialektveränderung oder Homonyme. So sind z. B. die

Namen Jens, Jensen, Jansen, Jänis, Jenissen, J(a)eschke, Jochmann und noch viele andere um den gleichen Wortkern herum alle einfach nur von Johannes abgeleitet und damit unverkennbar und eindeutig als zentrale biblische Figur(en), im Gefolge der Christianisierung, entstanden. Ein anderes Beispiel: Scheel, Schelch, Schelche, Schelblein, Schölch, Schilcher, Schi(e)l(c)ke(r), Schlieker, Schiller gehören vom Namensursprung alle zusammen. Der Wortsinn ist der Schielende/Schieler. Eine "Besondere Kennzeichen"-Bezeichnung also, die zum "unverwechselbaren" Namen wurde: damals, als er vergeben wurde (freiwillig angenommen wohl kaum). Und wenn jemand Faßnagel heißt oder Hufnagel oder Kupfernagel oder Spitz-, Spann-, Steuer-, Thür-, Silber- oder Noth-Nagel, steht dies sichtlich für die Art von Nägeln, mit denen der Namensurahn einst arbeitete oder handelte. Verfolgt man die Linie rückwärts, grenzt sich die heutige ungeheure Vielfalt von Namen stark ein. So wie damals auch die Bevölkerung sehr viel weniger zahlreich war. In dieser Hinsicht also von Vorteil, ein Segen, daß sich jede Namensgrundform allein schon durch die Schreibweisen und dazu noch durch Abschleifungen und andere Details schier unbegrenzt variieren ließ und auch tatsächlich variierte. Manche Namen sind in gewissen Zusammenhängen nicht ohne gewisse witzige Effekte. Mozart beispielsweise kommt von Motzhart oder Moczer und Motzer; dies aber heißt/hieß, ausgerechnet!, soviel wie "Schmutzfink"...

Noll oder Nolle oder Noelle oder Nollmann oder Nollmeyer oder Nolde oder Nöldeke usw. leiten sich alle ab von dem Wort Noll: "Plumper, einfältiger Mensch." Natürlich kommt niemand heutzutage auf die Idee, dem Träger eines solchen Namens eben dies zu unterstellen, oder seine "Herkunft" deshalb gering zu schätzen; jedenfalls nicht ernsthaft; denn wenn immer es solche Anlässe gab, dann liegen sie viel zu weit zurück, um noch sozuagen justitiabel oder pejorativ verwertbar zu sein... Zumal es erstaunlich viele Namen gibt, die auf diese Weise ursprünglich reine Tadels- und Schimpfbezeichnungen waren.

Beinamen waren anfangs nur für Könige: Karl der Kahle, der Große, der Kühne (ob sich davon allerdings Karl Kahle, Karl Groß, Karl Kühn ableiten läßt, ist weniger wahrscheinlich, jedenfalls nicht in direkter Linie), Johann Ohneland, Pippin der Kurze, Ludwig der Dicke, Richard Löwenherz, Heinrich der Löwe; oder für "Künstler" oder sonstige bedeutendere Zeitgenossen: Heinrich der Vogeler, Walther von der Vogelweide, Wolfram von Eschenbach, Roswitha von Gandersheim, Hildegard von Bingen.

Die heute häufigsten deutschen Familiennamen sind vor Jahren einmal statistisch ermittelt worden, in dieser Häufigkeits-Reihenfolge:
1. Schulz (der Schultheiß oder Schulze war einst der Bürgermeister), 2. Müller, 3. Schmidt, 4. Krüger (ein Wirt eines Gasthofs/"Krugs"), 5. Hoffmann (Mann auf dem Hof: der Hofmeier, Gutsverwalter, Pächter), 6. Fischer, 7. Krause (einer mit einem Krauskopf: also wahrscheinlich ein Mischling mit mediterranem Einschlag: ein römisches Besatzungskind vielleicht!), 8. Meier (Guts-/Hausverwalter), 9. Neumann (der neu Zugezogene), 10. Richter, 11. Schneider, 12. Schröder (der Tuchzuschneider oder aber Bier-/Weinfaßverlader), 13. Wolf (der grimmige Mensch mit Wolfsnatur). Von den dreizehn häufigsten Namen sind also acht, also fast drei Viertel, Berufsbezeichnungen; eine signifikante Relation auch generell.

Als Beispiele von Namensbedeutungen kann man den diversen Namensforschungsfachbüchern und -lexika bei-

spielsweise an Hand einer Auswahl mehr oder minder bekannter, prominenter Namen etwa diese entnehmen; aus der Liste ergibt sich aber auch, daß oft nicht die vermutete direkte Sinnbedeutung zutrifft, sondern eine ganz andere, wie beispielsweise bei "Mutter":

Adenauer (von dem Ort Adenau in der Eifel; besonders in Westdeutschland gibt es viele solche Ableitungen von Herkunftsorten: Overath, Lindlar, Bensberg usw.)
Bamberger (ebenfalls Ortsbezeichnung)
Dürer (die Familie stammte aus Atjos/Ungarn; Atjos = Türe)

Eisenhauer (wörtlich)
Elsner (Sohn oder Gatte einer Elsa/Else)
Genscher (von Jensch/er = Johannes)
Hinz (von Hinrich, Heinrich)
Huber (Besitzer einer Hube = Hufe = 60 Morgen Ackerland)

Hülshoff (von einer Flurbezeichnung mit -sumpf, -disteln)
Kästner (Verwalter des Kornkastens)
Künnecke (von Kunigunde)
Kunz (von Konrad)
Kußmaul (nicht wörtlich, sondern von der Ortsbezeichnung Kosmaly)
Lehmann (von Lehensmann: Lehen-Nehmer)
Lembke (von Lambert)
Lessing (von slaw. lesnik: Förster, Waldbewohner)
Liebermann (wörtlich: angenehmer Mensch; ein "typisch" jüdischer Name, deren Entstehungsgeschichte ein eigenes Kapitel darstellt; dazu hier nur eine knappe Anekdote, die aber so fern der Wirklichkeit nicht ist: Zu jener Zeit mußten Juden sich "verständliche" deutsche Namen zulegen und es hing weitgehend von der Willkür und dem Wohlwollen der Beamten ab, ob einer sich Rosenblatt nennen durfte oder fortan Stinkarsch heißen mußte, allenfalls Stinkersch; da gab es manchen Versuch, einer günstigen Namensverleihung nachzuhelfen. Meier Löw kam nach Hause und die Familie stürzte sich erwartungsvoll auf ihn: "Wie heißen wer nu?" "Schweißheimer." "Einen schöneren Namen hast du nicht gekriegt?" "Laßt mich in Ruh, was mich allein hat der W gekostet!")
Lubitsch (von slaw. Lubomir)
Lübbe (von Liutbert = "im Volke glänzend", auch Lübke, Lübking etc. leiten sich davon ab)
Menzel (von Hermann, slaw. Hermanec)
Mölders (über Mülders/Müllers von Müller)
Moser (Ortsbezeichnung, im Moos, Moor)
Mutter (nicht wörtlich, sondern von mutte, mütte: Kornscheffel, -maß)
Nietzsche (von Nikolaus)

Ophüls (von "im Hülsen"; hüls = Wasserdistel, Ableitung wie bei Hülshoff, s.d.)
Pestalozzi (von ital. "Knochenhauer", Fleischer)
Reimann (von Rheinmann, einer vom Rhein)
Riefenstahl (Reib den Stahl: Stahlschmied, Schwertfeger: dies seinerseits zum eigenen Namen geworden)
Rühmann (Rümann, Riemann, von Rüdemann, einer aus Rühe/n oder Rüde/n)
Schliemann (von Schleimann, einer, der gekochte Schleie verkauft)
Schockemöhle (von der Mühle am Schock/e = Sumpf, oder am Schock = Schenkel, bestimmte Ortsbezeichnung nahe einem "Knie")
Schopenhauer (Berufsname: einer, der den Schopen zuhaut: Schöpfkelle der Brauer – von der das Trinkmaß Schoppen kommt –)
Schweiger (nicht wörtlich einer der schweigsam ist, sondern der Besitzer einer Schwaige = Rinderhof, Sennerei/Käserei)
Sudermann (der im Süden/südwärts Wohnende)
Tappert ("Langer Mönchsmantel"; auch einer, der T. schneidert)
Trenker (Tränker: Viehtränker)
Uhland (alter Bauernname, Wortstamm "kühn")
Völtz (von Volmar)
Wagner (Wagenbauer, Stellmacher)
Weber (wörtlich, Berufsbezeichnung)
Wedekind (von Widukind, dem Sachsenherzog, ob direkter Abkömmling oder Abkömmling eines Gefolgsmannes, ist strittig)
Werfel (von Würfel: Würfeldrechsler oder auch -spieler)
Wiechert (von Wieghart = "kampf-kühn")
Zimmermann (wörtlich, Berufsbezeichnung)

Die Änderung des Familiennamens kann immer nur "aus wichtigem Grund" erfolgen. Dem Thema kann man mit Anekdoten nur annäherungsweise beikommen. ("Ich möchte meinen Namen ändern lassen." "Das ist nur aus wichtigem Grund möglich. Zum Beispiel, wenn sie einen lächerlichen, unanständigen oder sonst anstößigen Namen hätten. Wie heißen Sie denn?" "Adolf Abendpinkler." "Na ja, zugegeben, das ist ein Name, über den man reden könnte. Und wie möchten Sie heißen?" "Hans-Georg Abendpinkler.") Ein neueres Urteil hat dies wieder einmal klargestellt. Das Hessische Verwaltungsgericht begründete 1990 ein Urteil in einem solchen Fall auf seit jeher gerichtsübliche und traditionelle Weise so:

Wer einen neuen Familiennamen annehmen will, muß dafür einen objektiv wichtigen, triftigen Grund haben. Dies gilt auch dann, wenn ein Enkel den Nachnamen seines Großvaters mütterlicherseits annehmen will. Das Gericht hatte damit in zweiter Instanz die Klage eines jungen Mannes abgewiesen, der von seinem Großvater einen alteingesessenen Schäfereibetrieb übernommen hatte und aus wirtschaftlichen Gründen auch den Familiennamen seines Opas führen wollte. Der leibliche Vater des jungen Mannes ist verschollen. (VG Hessen, 11 UE 3311/88). Ein Gegenbeispiel solcher aus "wirtschaftlichen Familiengründen" gewünschter Namensänderung war einst die in der Familie Krupp in Essen. Doch auch der damals "führenden", national eine Sonderstellung einnehmenden und weltweit bekannten Industriellen-Familie wurde keine volle Namensänderung eines eingeheirateten Erben, sondern nur der Zusatz des Namens zu dem seinen gestattet: Gustav von Bohlen und Halbach, der Essener

Industrielle, der 1907 die alleinige Erbin Bertha des Krupp-Industrieimperiums heiratete, durfte sich fortan nur Krupp von Bohlen und Halbach nennen.

DIE VORNAMEN

Standesamtliche Vorschriften

Namen sind Rechtsgut. Seinen Familiennamen erwirbt der Mensch, wie bei den Familiennamen erläutert, mit der Geburt nach ganz bestimmten Kriterien und auf keinen Fall zufällig oder in völlig freier Wahl. Seinen Vornamen dagegen legen ihm andere, gewöhnlich die Eltern, zu. Doch an beide ist er von da an auf Lebenszeit gebunden. Nur im Wege einer Rechtshandlung, eines juristischen Aktes, kann er die Namen wechseln oder ändern. Auch der Vorname ist eng mit der Einzelperson verbunden. Mit den ihr gegebenen muß sie ihr ganzes Leben auskommen. Was im Augenblick vielleicht den Glanz des Besonderen, Neuen, Positiven, Modischen hat – ein fremdartiger, aparter Klang, eine ungewöhnliche Schreibweise, eine sonstige modische Form –, kann später in der Schule oder selbst noch im Berufsleben und nicht zuletzt im Verkehr mit Behörden unnötig belasten und Schwierigkeiten bereiten.

Rechtlich gesehen, sind die Eltern in der Wahl der Vornamen für ein Kind unabhängig. Nach deutschen Standesamtregeln wird lediglich verlangt, daß der Vorname als Name erkennbar und geschlechtsspezifisch ist. Darum sind Wörter des allgemeinen Sprachgebrauchs, Bezeichnungen für Gegenstände, Eigenschaften, Vorstellungen etc. als Namen nicht zulässig. Kein Standesbeamter wird also als Namen für ein Kind etwa Pfeil, Feder, Anmut, Friede oder Klug eintragen. Allerdings sind in jüngerer Zeit einige hartnäckig-spektakuläre Fälle durchgefochten worden, in denen auch bislang absolut "unübliche" Vornamen auf dem Gerichtsweg durchgesetzt wurden; andererseits sind sehr viel mehr andere auch über alle Instanzen abgelehnt worden, ungeachtet der Tatsache, daß es keinerlei festliegende Norm für Vornamen gibt und die Grenzen fließend sind. Es ist mit anderen Worten in jedem strittigen Einzelfall von den Standesbeamten abzuwägen oder allenfalls von den Gerichten zu entscheiden, ob nach Sprachgebrauch, Zeitgeschmack oder gesellschaftlichen Veränderungen ein nicht oder allenfalls selten oder nur fremd gebräuchlicher bereits einmal vorgekommener Name als Vorname unter dem Gesichtspunkt der allgemeinen standesamtlichen Grundsätze zuzulassen ist oder nicht. Es gibt das bekannte Beispiel des Vornamens Jesus. Er gilt in manchen südlichen Ländern wie Spanien oder Mexiko als üblicher Vorname, in Deutschland jedoch (durch mehrfache Gerichtsentscheidungen bestätigt) als unüblich bzw. unzulässig (lange Zeit mit der Begründung "gilt hierzulande als anstößig"). (Dafür existiert andererseits aber bei uns eine anderswo nicht überall – allenfalls noch in Frankreich: Jean-Marie, Henri-Marie... – bekannte Ausnahme: der Zusatz des weiblichen Namens Maria zu männlichen Vornamen, was natürlich eine traditionelle Vorgeschichte in der katholischen Marienverehrung hatte: Rainer Maria Rilke, Walter Maria Guggenheimer) Der denkbare Sonderfall einer deutsch-spanischen Ehe mit dem Vornamenswunsch Jesus für einen daraus entsprungenen Knaben ist in einem bestimmten Fall "entspre-

"Die heilige Familie" (Holzschnitt),
Albrecht Dürer

sogar auf die Verfassungskonformität geprüft werden mußten. Im Normalfall werden sich Eltern mit derlei ausgefallenen Namenswünschen am Ende belehren lassen, zumal wenn ihnen klar gemacht wird, daß ihr Namenswunsch nicht ihre eigene Erblast ist, sondern die ihres Kindes. Aber wenn sich Eltern nun einmal, wie es immer wieder geschieht, ganz ausdrücklich auf eine solche Dokumentierung ihrer eigenen Überzeugungen in den Namen ihrer Nachkommen und damit eben auf ihr Namensgebungsrecht berufen, wird es nicht selten juristisch knifflig.

chend der Berücksichtigung des tatsächlichen oder voraussichtlichen Lebensschwerpunkts der Familie/des Kindes" gerichtlich entschieden worden. Es hat noch mehr eher kuriose Fälle von weltanschaulich begründeten Vornamenswünschen gegeben, die Eltern wünschten – von "Che Guevara" bis "Grüne" –, die über mehrere Gerichtsinstanzen ausgetragen wurden und deren Ablehnung

So gab es auch einmal einen juristischen Streitfall über einen Namenswunsch "Anemone" für eine Tochter. Die eine Forderung, daß ein Vorname "nach Möglichkeit" und "im Regelfall" auch das Geschlecht des Kindes "nach den üblichen Maßstäben" erkennen lassen solle, war erfüllt. Anemone wird niemand als einen Knabennamen vermuten. Andererseits ist er als Vorname absolut ungebräuchlich. Ohne Logik freilich, argumentierten die

Eltern: Wenn Rosa/e oder Marg(u)erita/e zulässig und üblich sei, warum dann nicht auch ein anderer Blumenname? (Die Klage wurde trotzdem abgelehnt.)

Die erwähnte Regelung, daß keine Gegenstände, Eigenschaften oder Vorstellungen Namen sein dürfen, hat ihre Ausnahmen, wenn es sich um schon jahrhundertelang übliche Zugehörigkeit zum deutschen Vornamenbestand handelt, wie z.B. bei Ernst oder Kraft. Als nicht zulässig für Vornamen gelten ferner Bezeichnungen, die Anstoß erregen könnten oder als sinnlose Wortgebilde erscheinen. "Der Vorname eines Menschen soll nicht wie ein künstlich gebildetes Warenzeichen aussehen."

Bis heute sind diese standesamtlichen Richtlinien – die der Verband der Standesbeamten "verwaltet" und "hütet" – von diesen alten Traditionen beherrscht und gekennzeichnet, und bisher gibt es auch nur wenige wirkliche drastische Einbrüche in diese Herkommenstradition. Dennoch ist festzustellen, daß sich in den letzten Jahrzehnten auf diesem Gebiet schon sehr viel bewegt hat. Dies hängt nicht zuletzt mit der zunehmenden regionalen und auch internationalen Mobilität zusammen. Die stammesmäßig und national geschlossenen Siedlungsgebiete von einst gibt es allenfalls noch in der Traditionspflege und nach Mehrheiten, aber de facto nicht mehr. Die Stammes- und Nationalitätendurchmischungen sind eines der wesentlichen bevölkerungspolitischen Merkmale der zweiten Hälfte unseres Jahrhunderts.

Ihre Ursachen waren direkt politischer (Vertreibungen, Aus- und Umsiedlungen, Flüchtlingsströme, Kriegsfolgen allgemein wie z. B. Kriegsehen) und allgemein gesellschaftlicher Natur (Mobilisierung, Reiseverkehr, Liberalisierung, Öffnung der Grenzen, schwindendes Traditionsbewußtsein hinsichtlich regionaler und nationaler Abgrenzungen). Bis zum Ende der ersten Hälfte des Jahrhunderts wäre es normal kaum denkbar gewesen, daß ein Kind in Bayern auf einen Namen wie Dierk oder Jens getauft worden wäre oder eines in Ostfriesland auf Ignaz oder Franziska, ein deutsches auf Edna oder Isabelle oder Boris und ein französisches auf Julia oder Thilo. Das ist heute quasi gang und gäbe. Eine spezielle Form der Namensuntersagung nach deutschem Standesamts-Recht ist die Verwendung eines Familiennamens als Vornamen. So ist es nicht gestattet, was verhältnismäßig oft verlangt wird, etwa den Familiennamen des Großvaters mütterlicherseits oder eines anderen Vorfahren als zweiten Vornamen zu führen. Nur in Ostfriesland gibt es eine historisch entwickelte Ausnahme. Dort sind "Zwischennamen" aus landschaftlicher Überlieferung bis heute erhalten geblieben und teilweise auch noch üblich.

Wichtig zu wissen ist übrigens, daß auch die Abfolge und Schreibweise der Vornamen jedenfalls amtlich unveränderlich ist. Wird ein Kind auf die Namen Ansgar Carl Hinrich eingetragen, dann darf es zumindest in Dokumenten, Ausweisen und Zeugnissen lebenslang weder Carl Ansgar Hinrich heißen noch Ansgar Karl Hinrich oder Ansgar Karl Heinrich oder A. C. Hinz oder A. Karl H. oder sonstwie, was eine Abweichung darstellen würde. Möchte Ansgar Carl Hinrich später einmal als Karl bekannt sein, so steht es ihm privat frei, nicht aber offiziell und amtlich. Und möchte er Schauspieler oder Schriftsteller und unter dem Namen Hinz Patzek bekannt werden, also unter einem Künstlernamen/ Pseudonym, so steht ihm dies ebenfalls frei, ohne daß er dafür eine Genehmigung benötigt oder dies in seinen Paß eintragen lassen muß; es sei denn, er wünscht dies selbst, oder er ist am Ende unter seinem Künstlernamen so bekannt, daß in der Öffentlichkeit niemand seinen eigentlichen "bürgerlichen" Namen mehr kennt; dann kann ihm auch aufgegeben werden, diesen bekannteren Namen zusätzlich in seine Ausweispapiere eintragen zu lassen. Es ändert jedoch nichts daran, daß er amtlich weiterhin und bis an sein Lebensende Ansgar Carl Hinrich plus seinem ererbten Familiennamen bleibt, und nichts anderes – sofern er nicht seinen Namen auch offiziell ändern läßt (und dies auch genehmigt wird, was keineswegs einfach oder die Norm ist). Davon ist im Abschnitt über Namensänderungen noch zu reden.

Die Anzahl der Vornamen: Als "üblich" gelten zwei bis drei. Es gibt jedoch keinerlei Hinderungsgrund, einem Kind letztlich beliebig viele Vornamen zu geben. Das mag wenig Sinn haben, es sei denn allenfalls dynastisch-traditionellen (der vor kurzem verstorbene Fürst von Thurn und Taxis hatte offiziell an die zehn dynastisch bedingte Vornamen, doch das sind wirklich Ausnahmefälle), verbieten kann es niemand.

Immer häufiger wird in den letzten Jahren die Namensabkürzung eines Mittelnamens. Hans P. Meier statt Hans Peter Meier. Dies ist die Übernahme einer vor allem in Amerika seit langem üblichen Namenspraxis. Nach Amerika kam sie einst aus England. Sie ist heute in den USA derart verbreitet, daß, wo abkürzungsfähige Mittelnamen fehlen (die im übrigen nach amerikanischem Namensrecht mehr oder minder unbeschränkt in der Auswahlmöglichkeit sind), einfach ein beliebiger Buchstabe eingesetzt wird. Alfred S. Newman kann Samuel bedeuten oder Sigmund oder Staines oder Studebaker oder Senseless oder einfach nur S mit oder ohne Punkt und sonst nichts. Bei uns muß einer Abkürzung ein vorhandener zweiter Vorname zugrunde liegen. Allerdings spielt dies sich noch im weitgehend rechtsfreien Raum ab. Walter Helmut Andreas Müller mag sich Walter H. Müller nennen oder Walter A. Müller, oder W. A. Helmut Müller. Bei Helmut W. A. Müller wird es schon schwieriger – es sei denn, in seiner Geburtsurkunde im Standesamt sei ausdrücklich Helmut als Rufname, also unterstrichen, eingetragen. Bei mehreren Vornamen muß ja auch der Rufname angegeben werden; im Normal- oder Zweifelsfall wird der erste dafür angenommen. Während Walter Helmut Andreas Müller, sollte er einst Bücher veröffentlichen oder in Theatern auftreten oder ein Filmstar werden, sich auf den Büchern oder Plakaten oder Programmheften ohne Probleme seiner Vornamen in beliebiger Reihenfolge und Abkürzungen bedienen darf, begeht er technisch und offiziell eine Urkundenfälschung, wenn er seinen Personalausweis oder seine Heiratsurkunde anders ausfüllt und unterschreibt als Walter Helmut Andreas Müller. Schon Walther, falls er dies nun als eleganter und schicker empfände, würde den Fälschungstatbestand erfüllen. (Daß dies natürlich noch mehr für Mueller gälte, versteht sich. Wer Müller heißt, heißt nicht Mueller, und umgekehrt.) Im übrigen sind in standesamtlichen Urkunden keine Namensabkürzungen gestattet. Jemand kann also niemals amtlich/offiziell H. P. Schmidt heißen oder auch nur Hans P. Schmidt. Es sei denn, er wandert nach Amerika aus. Da geht es.

Für die Rechtschreibung der Vornamen gilt "im allgemeinen" die heute übliche Rechtschreibung. Aber das ist natürlich ein sehr weites Feld: Joseph heißt heute Josef, Walther Walter und Günther Günter, Gerhard nicht Gerhart und Klara nicht Clara. Gleichwohl wird das Standesamt nicht nur die Käte und Berta, sondern auch die Käthe und Bertha beurkunden und nicht allein den Dankwart, sondern auch den Dankward, andererseits sehr dringend von Conradus oder Carolus abraten, ebenso von Rüedeger statt Rüdiger und von Uota statt Ute. (Zu "Dankwart" gibt es die bekannte sächsische Anekdote: Der Standesbeamte verweigert den Namenseintrag: "Das is e Beruf, gee Name!") Statt Theoderich wird das Standesamt erst einmal auf Theo/dor bestehen, jedoch nichts einwenden gegen Heribert, allenfalls lediglich noch einmal nachfragen, ob man wirklich statt Herbert das i mit drin haben wolle. Strittig vor deutschen Standesämtern mit nicht einmal eindeutigen Obergerichtsentscheidungen waren Extremvariationen moderner Namensgebung: Maik etwa, als phonetische Schreibweise der englischen Kurzform Mike von Michael, letzterer sowohl im angelsächsischen wie im deutschen Sprachraum in dieser Schreibweise traditionell. Bereits die korrekte angelsächsische Kurzform Mike war gerichtlich umstritten, ganz "zugemacht" haben die Obergerichte aber dann bei Maik: "weil hier nicht mehr ohne weiteres der traditionelle Name erkennbar ist und die Ungewöhnlichkeit ein vertretbares Maß eindeutig überschreitet". Leichter tun sich anglophile Namensgeber mit aus dem angelsächsischen Sprachraum stammenden Kurzformen wie Betty oder Bobby, Freddy oder Gaby, "weil sie auch einheimisch üblichen Kurzformen nahe genug und daher erkennbar sind und keinen eindeutig fremdartig-unverständlichen Klang haben".

HERKUNFT UND AUSWAHL DER BELIEBTESTEN VORNAMEN

Im wesentlichen setzen sich die heute bei uns (und im weiteren Sinne in unserem Kulturkeis) gebräuchlichen Vornamen aus zwei Gruppen zusammen: alten Bedeutungsnamen und im Zuge der intensiven Christianisierung propagierten und verbreiteten christlichen Apostel- und Heiligennamen, die ihrerseits natürlich aus dem mediterranen, speziell levantinischen Raum stammen. In Deutschland herrschte bis zum 12. Jh. fast ausschließlich der altgermanische Namenstyp. Die Christianisierung hat daran lange nichts zu ändern vermocht. Erst spät setzte sich der christliche Namensfundus mehr und mehr durch.

Die Bedeutungserläuterungen zu den Namen der nachfolgenden Liste sind für die heutige Namensgebung zwar nicht ausschlaggebend und eigentlich nur

Kaiser Maximilian wird von seinen Schutzheiligen dem Allmächtigen empfohlen (Holzschnitt),
Hans Springklee, 1519

noch von rein akademischem Interesse; interessanter mag für den einen oder anderen allenfalls die Herkunft eines Namens sein.

Das deutsche Institut für Sprachforschung gibt jedes Jahr eine Liste der derzeit "modischsten" Vornamen heraus; an dieser orientiert sich die nachfolgende Liste insofern, als sie auch die Namen enthält, die in den letzten Jahrzehnten besonders häufig wurden und den Kern der erwähnten jährlichen "Modenamen"-Listen darstellen, die sich allenfalls über längere Zeiträume tatsächlich ändern, sonst hauptsächlich in der Rangfolge. "Modenamen" vor allem durch die politischen Umstände sind heute kein Problem mehr; bei ihnen ist dennoch immer Vorsicht im Interesse des Kindes geboten. Die Flut der Adolf und Hermann in der NS-Zeit in Deutschland hatten zahllose Träger dieser Vornamen nach 1945 mit Spott, Ironie oder gar Feindseligkeit, nicht zuletzt im Ausland, zu büßen; wobei immer noch mildernd wirkte, daß es sich dabei auch zuvor niemals um unübliche und seltene Vornamen gehandelt hatte. Später hatten Standesämter sehr viel größere Mühen, nicht zuletzt an Hand dieser Beispiele, weltanschaulich fixierte Eltern davon abzuhalten, ihren Kindern zumindest als zweite und dritte die Vornamen Stalin, Lenin oder (s.o.) Che Guevara zu geben; in diesen Fällen fiel es den Gerichten, die damit tatsächlich befaßt wurden, nicht schwer, nach den üblichen Maßstäben und Grundsätzen die Klagen gegen die Nichtbeurkundung solcher Namen – und ähnlich gelagerter Fälle – abzuweisen: sie waren keine herkömmlichen, gebräuchlichen und überhaupt keine Vornamen... Signifikant dafür, wie sehr heute die Vornamensvergabe fast ausschließlich nach eigentlich "sachfremden" Motiven erfolgt, nämlich vorwiegend nach gegenwärtig empfundenem Wohlklang oder Beliebtheitsassoziationen, ist die erkennbare Tatsache, daß wenig verbreitete oder ungewöhnliche Formen von Vornamen prominenter Persönlichkeiten "stilbildend" wirken und damit manche Vornamen zu einer Verbreitung gelangen, die sie zuvor niemals hatten. Ein sehr typisches Beispiel dafür ist die außerordentlich starke Zunahme des zuvor verhältnismäßig seltenen Vornamens Thilo seit den 50er/60er Jahren – nach dem damals sehr beliebten Fernsehjournalisten Thilo Koch; dessen häufiges Erscheinen auf dem Bildschirm machte seinen Vornamen populär. Ein ähnlicher Fall ist Curd in dieser ungewöhnlichen Schreibweise von Kurt, nach dem Filmstar C. Jürgens; es gab jedoch Fälle, in denen Standesbeamte diese Schreibweise als unüblich nicht zuließen, mit und ohne Einspruch bzw. Einspruchserfolg; s.a. unten in der Liste die diversen einschlägigen Anmerkungen.

Im wesentlichen werden in der nachfolgenden Liste die Grundformen der Namen aufgeführt und ihre Schreib-, Kurz- oder Ableitungsvariationen nur in Einzelfällen erwähnt.

MÄNNLICHE VORNAMEN

Adam, Mann aus Erde (hebr.)
Adrian, von der Adria
Albert, stark mit Hilfe der Alben (dtsch.)
Alexander, der wehrhafte Mann (griech.; die Kurzform Sascha, übernommen aus d. Russ., wird allenfalls offiziell "toleriert", gilt aber "eigentlich" als nicht erwünscht)

Andreas, der Mannhafte (griech.)
Anton, der voran steht, der Fürst (lat.)
Armin, lat. Familienname (Arminius)
Arnim, (Verballhornung von Armin/vermutl. v. d. dtsch. Dichter Achim v. A. übernommen und vom Standesbeamten anerkannt, obwohl kein "üblicher" Vorname, andererseits aber "klar erkennbar als männlich gedachter Vorname und nicht ohne weiteres ablehnbar mit den üblichen Gründen gegen nichtübliche Vornamen"; promin. Träger dieses Vornamens war der deutsche "Sensationsdarsteller"/Stuntman der Nachkriegszeit A. Dahl, der damit für die weitere Verbreitung dieser Vornamensvariation sorgte)
Arthur, der Bär (keltisch Artus)
Axel, nicht etwa eine verballhornte Verkürzung von Alexander, sondern von Absalom, Vater des Friedens (bibl./hebr.)
Balthasar, Gott schuf sein Leben (hebr.)
Bastian, der Ehrfurchtgebietende (griech.)
Benedikt, der Gesegnete (lat.)
Bernhard, der Bärenstarke (dtsch.)
Berthold, der glänzende Herrscher (dtsch.; auch bei diesem Vornamen ist gelegentlicher Streit mit Standesbeamten um die Zulässigkeit der nach dem Dichter Brecht modisch und populär gewordenen Schreibweise Bertolt bekannt geworden; dabei spielten dann auch Abwehrgründe wegen der "politisch-weltanschaulichen Bedeutung" dieser Vornamensschreibweise eine Rolle; hier hat sich jedoch letztlich jeweils der standesamtliche Grundsatz durchgesetzt, Variationen der Schreibweisen großzügig zu behandeln und nicht zu beanstanden, solange klar erkennbar bleibt, daß es sich um einen geschlechtsspezifischen und im Stamm um keinen ungewöhnlichen/unüblichen bzw. Nicht-Vornamen

handelt; s.a. "Toni", weiblich)
Boris, Kämpfer (russ.-bulgar., dieser Vorname ist ein sehr typisches Beispiel dafür, wie heute auch sog. "typisch" nationale Vornamen kein unbedingtes Kriterium mehr sind bzw. wie "nationale" Vornamen sich international verbreiten; der Tennisspieler B. Becker ist zwar nicht der erste "internationale Verbreiter" dieses an sich typisch osteuropäischen Vornamens, denn er selbst hat ihn bereits im Zuge dieser zunehmenden Internationalisierung erhalten, doch seine ungeheure Popularität hat seitdem dazu beigetragen,

daß er in Deutschland besonders, aber auch überall in der Welt stark zugenommen hat und von Eltern immer häufiger ausgewählt wird; daß bei ihm selbst die Namensbedeutung sehr sichtbar zutrifft, ist quasi ein zusätzlicher Glückszufall in der Geschichte der Vornamen und ihrer Vergabe)
Christian, der Christ (lat., von Christianus)
Claudius, aus dem Geschlecht der Claudier (lat.; die gewisse Verbreitung dieses Vornamens in Deutschland läßt sich aber sicher eher dem populären Dichter des 18. Jh. Matthias C. zuschreiben)
Cornelius, aus dem Geschlecht der Cornelier (lat.)
Clemens, der Milde (lat.)
Daniel, mein Richter ist Gott (hebr.)
Detlef(v), Sohn des Volkes (dtsch.)
Diet(h)er, Volkskrieger (dtsch.)
Dietmar, der im Volk Berühmte (dtsch.)
Dietrich, Volkskönig (nord.)
Eckehard (Eck(h)ar(d)t, Ekkeh.), kühn mit dem Schwert (germ.)
Erich, ehrenreich (dtsch., gekürzte Form auch **Eric/Erik**)
Ernst, ernst entschlossen, der Ernste (dtsch.)
Erwin, Heeresfreund (dtsch.)
Fabian, aus dem Geschlecht der Fabier (lat.; auch dieser Name ist durch den gleichnamigen populären Roman von Erich Kästner seit Beginn der 30er Jahre zu gewisser neuer/zusätzlicher Verbreitung gekommen)
Falk, nach dem Falken (dtsch.)
Felix, der Glückliche (lat.)
Frank, der Franke (dtsch., heute aber oft nur eine modische Veränderung von Franz)
Franz, lat. Francisco, it. Francesco, der Franzose; bei uns aber als einst sehr dominierender Vorname nicht davon, sondern direkt vom Hl. Franziskus bzw. dem nach ihm benannten kath. Orden der Franziskaner abgeleitet
Friedrich, schützender Herrscher (dtsch.; die übliche Kurzform **Fritz** wird "eigentlich ungern" als solche offiziell eingetragen, da eben im Grunde nur eine verballhornte Kurzform und im übrigen durch nationalen und internationalen Sprachgebrauch etwas pejorativ geworden: "Fritze" als abfällige Zusatz-Bezeichnung: Zeitungsf., Heringsf. .../leicht abschätziger Name der deutschen Soldaten; andererseits gibt es jedoch die "positive Mutung" von F., die auf den "Alten Fritz" zurückgeht; insgesamt jedoch gilt Fritz trotz auch zahlreicher prominenter Träger dieser Kurzform – F. Kreisler, F. Kortner, F. Walter, F. Wunderlich ... – als offizielle Vornamensform für "eher problembeladen")
Gabriel, Gott ist mein Held (hebr.)
Georg, Landmann, Bauer (griech., dtsch.-nord. Kurzform auch **Jörg/en, Jürgen**)
Gerhard, kühn mit dem Speer (griech./dtsch.)
Gregor, der Wachsame (griech.)
Günt(h)er, Anführer der Kämpferschar (dtsch.)
Hans, typ. dtsch. Kurzform v. Johannes, s.d.
Harald, der im Heervolk Herrschende (dtsch.)
Hartmut, Mann von kühner Gesinnung (dtsch.)
Hasso, aus dem Volk der Hessen (dtsch.)
Heinrich, Herrscher in seinem umhegten Besitz (dtsch.; die gebräuchl. Kurzform)
Heinz/Hinz, ähnlich zustande gekommen wie Fritz von Friedrich, entbehrt deren "Problematik"
Helmut(h), mutiger Schützer (dtsch.)
Hermann, Mann im Heer (dtsch.)

Hartmut

Herbert, glänzend im Kriegsvolk (dtsch.)
Holger, Freund und Speerträger (dtsch.)
Hubert, der durch seinen Geist Glänzende (dtsch.)
Ingo, der zum Staatsverband der Ingräonen Gehörende (dtsch.stämmig)
Jakob, er folgt, Fersenhalter (hebr.)
Joachim, der den Gott erstehen läßt (hebr.; auch die dtsch. Kurzform **Achim** gilt als eigenständig)
Johannes, Gott ist gnädig (hebr.)
Joseph/f, Gott gebe Vermehrung (hebr.; die auch hier gebräuchlichen Kurzformen Jupp/Sepp sind im wesentlichen bis heute regional beschränkt, wenn auch längst mit Ausnahmen, haben aber niemals wie Fritz oder Heinz eine Rolle als "offizielle", eingetragene Vornamen gespielt; wo dies versucht wurde, wurde es in aller Regel nicht zugelassen)
Karl, tüchtiger Mann, rechter Kerl (dtsch.; die Schreibweise Carl gefällt Standesbeamten gelegentlich heute noch als Zwitterform zu Charles, frz./engl., bzw. Carlo(s), ital./span., nicht sehr)
Karsten, niederdtsch. eigenständig gewordene Form von Christian
Kilian, Mann in der Zelle (kelt.)
Konrad, kühn im Rat (dtsch.)
Lothar, berühmt als Krieger (dtsch.)
Ludwig, berühmt als Kämpfer (dtsch.; die Kurzform **Lutz** hat eine gewisse regionale Eigenständigkeit erlangt und ist dadurch inzwischen in den Rang eines anerkannten selbständigen Vornamens gelangt)
Lukas, aus Lukanien/Unteritalien (lat., verbreitet natürlich als Apostelname)
Manfred, namhafter Schütze (dtsch.)
Markus, zart, lieblich (hebr.; verbreitet natürlich als Apostelname)
Martin, Sohn des Mars/der Kriegerische (lat.)
Matthias, Geschenk Gottes (hebr.)
Maximilian, der Größte (lat.; die Kurzform Max hat sich v.a. in Süddeutschland als eigenständiger Name entwickelt)
Michael, wer ist wie Gott? (hebr.)
Nikolaus, Volkssieger (griech.; die Kurzform Klaus hat sich auch offiziell als dtsch. Form durchgesetzt)
Norbert, berühmt im Norden (dtsch.)
Olaf, Sproß der Ahnen (nord.)
Oliver, Ölbaumpflanzer (lat.)
Ortwin, Freund des Schwertes (dtsch.)
Oskar, speertüchtig mit Hilfe der Asen (dtsch.)
Oswald, Freund der Götter (dtsch.)
Othmar/Ottmar, der durch Besitz Glänzende (dtsch.)
Otto, der Besitzende (dtsch.)

Paul, der Geringe, Kleine, Demütige (lat.)
Philipp, Pferdefreund (griech.)
Rainer/Reiner, Berater des Heervolks (dtsch.)
Reinhard, stark im Rat (dtsch.)
Reinhold, der im Rate waltet (dtsch.)
Richard, starker Fürst (dtsch.)
Robert, durch Ruhm glänzend (engl.)
Roland, kühner Held (dtsch.)
Rüdiger, berühmt als Speerkämpfer (dtsch.)
Rudolf, berühmt und wölfisch zugleich (dtsch.)
Rup(p)ert/-recht, durch Ruhm glänzend (dtsch.)
Sebastian, der Ehrfurchtgebietende (griech.)
Siegfried, Sieger und Schützer (dtsch.)
Simon, Erhörung (hebr.)

Ortwin

Stephan/Stefan, Kranz, Krone (griech.)
Tankred, der überlegene Ratgeber (dtsch.)
Theodor, Gottesgeschenk (griech.; die Kurzform Theo wird allgemein auch offiziell toleriert)
Thilo, gel. auch **Tilo,** abgeleitet von Dietrich (dtsch., s. o.)
Thomas, Zwilling (hebr.)
Thorsten, seltener **Torsten,** Thor-Stein (dtsch./nord.)
Till, Kurz-Ableitung von Dietrich, s. a. Thilo, verbreitet natürlich v. a. durch T. Eulenspiegel)
Tobias, mein Gut ist Gott (hebr.)
Udo, abgeleitet von Otto, auch von Ulrich (dtsch.)
Ulrich, Herrscher über seinen angestammten Besitz (dtsch.)
Urban, der Städter (lat.)
Uwe, strahlend durch Kraft, Kurzform von Humbert (dtsch., vermutl. v. Hüne und/oder glänzend)
Valentin, der Gesunde, Starke, Vielvermögende (lat.)
Viktor, der Sieger (lat.)
Volker, der Volksführer (dtsch.)
Volkhard/t, stark im Kriegsvolk (dtsch.)
Walt(h)er, der über dem Heervolk waltet (dtsch.)
Werner, Krieger von der Tüchtigkeit der Warnen (germ.)
Wilfried, der nach Frieden Verlangende (dtsch.)
Wilhelm, willstarker Schützer (dtsch.; die Kurzform **Willi/y** gilt nicht als "offiziell", anders jedoch **Willibald,** kühner Wille, dtsch.)
Winfried, Freund und Schützer (dtsch.)
Wolfgang, der wie ein Wolf in den Kampf Ziehende (dtsch.)
Wolfram, Wunschname: dem Träger seien die Eigenschaften von Wolf und Rabe beschieden (dtsch.)

WEIBLICHE VORNAMEN

Adelheid, von edler Art, edlem Wesen (dtsch.)
Adriane, s. Adrian, nicht bedeutungsgleich mit Ariane, s. d.
Agathe, die Gute (griech.)
Agnes, die Heilige, Reine (lat. von agnus das Lamm – agnus Dei, Lamm Gottes –)
Alexandra, s. Alexander
Alice, Ableitung von Elisabeth, s. d. (frz. Kurzform, zugewandert als eigenständiger Name)
Andrea, s. Andreas
Angela, die Engelgleiche (lat.)
Anita, Ableitung von Anna/Hanna s. d., (mediterr. Form, zugewandert als eigenständiger Name)
Anna, Gnade, Anmut (hebr.)
Antonia, s. Anton
Arabella, die Araberin (roman.)
Ariane, frz. Ableitung von der Sagenfigur
Ariadne (griech.), zugewandert als eigenständiger Name
Astrid, die die Göttergunst Herbeizaubernde (nord.)
Barbara, die Fremde (griech., Wortstamm Barbar)
Beate, die Glückliche, weibl. Form von Beatus (lat.)
Beatrice/-rix, Ableitung von Beate/roman./lat. Form, zugewandert als eigenständiger Name)
Bettina, s. Benedikt
Brigitte, die Kräftige (alt-irisch)
Brunhilde, die im Panzer Kämpfende (dtsch.)
Camilla, Altardienerin, weibl. Form von Camillus/frz. (griech.)
Carmen, abgel. v. Berg Carmel in Palästina (span.), heute übliche Namensvergabe natürlich nach der Opernfigur

Brunhilde

Christine/iane, s. Christian
Claudia, s. Claudius
Constanze, seltener auch Konstanze, die Beständige (lat.)
Cordula, Herzchen, Liebling (lat.)
Cornelia, s. Cornelius
Dagmar, aus Dänemark stammend (nord./dtsch.)
Daniela, s. Daniel
Dietlind/e, Zauberin (dtsch.)
Dora, Kurzform entweder von Dorothea oder Theodora oder auch von Viktoria (griech./lat./dtsch.; aus diesem Grund offiziell "eigentlich" nicht anerkannt, wenn auch nicht ausdrücklich zu verweigern)
Doris, zugewanderte eigenständige Kurzform von Dolores = die Schmerzensmutter (span.)
Dorothea, Gottesgeschenk (griech.)
Edelgard, edle Zauberin (dtsch.)
Edeltraud/t, vornehme Abstammung (dtsch.)
Edith, die für den angestammten Besitz Kämpfende (engl.)
Edna, die Freude (hebr.)

Eleonore, Gott ist mein Licht (hebr.)
Elfriede, Schützerin (dtsch.)
Elisabeth, Gott hat geschworen (hebr.)
Elke, Ableitung von Adelheid, s. d.
Elsa/e, Ableitung von Elisabeth als eigenständig gewordene Form
Elvira, die das Heiligtum schützt (span.)
Erika, s. Erich
Eva, die das Leben Gebende (hebr.)
Felicitas, s. Felix
Franziska, s. Franz
Frauke, Koseform zu Frau = Herrin (dtsch.)
Friederike, s. Friedrich
Gabriela/e, s. Gabriel
Gerda, die Biegsame (dtsch., vgl. Gerte)
Gertrud, Bezauberin der Speere (dtsch.)
Gisela, Geisel, Mädchen edler Abstammung (dtsch.)
Gudrun, die für den Kampf zaubert (dtsch.)
Hanna, Kurzform bzw. Verlängerung von Hannelore oder aber Anna, Gnade, Gotteshuld (hebr.)
Heike, weibl. Ableitungsform von Heinrich, s. d.
Helen/a/e, griech. Eigen-/Sagenname, Bedeutg.unbekannt geblieben
Helga, heil (nord.)
Hert(h)a, Mutter der Erde (dtsch.)
Hilde, Kurzform der Namen mit Hild- (dtsch.)
Hildegard, die mit der Gerte für den Kampf zaubert
Hildegund/e, Kämpferin
Hildtrud, Zauber wirkend für den Kampf
Ingeborg, Schützerin der Ingräonen (dtsch.)
Isabel/la/le, die keusche Schöne (span.)
Johanna, s. Johann
Josefa, s. Josef
Judith, Frau (hebr.)
Julia, weibl. Form v. Julius = aus dem Geschlecht der Julier (lat.)

42

Isabella

Jutta, eigenständig gewordene Ableitung von Judith
Karin, eigenständig gewordene Kurzform von Katharina (auch **Karen** oder **Caren**)
Katharina, die Reine (griech.), verbreitet auch die Kurzform **Käthe**
Laura, Lorbeer (lat.)
Magdalena/e, griech./lat. Eigenname
Manuela, weibl. Form zu Immanuel (kaum noch gebräuchlicher Name, heute allenfalls noch in der Kurzform Manuel vorkommend: Gott mit uns, hebr.)
Margaret(h)a/e, die Perle (griech./orient.)
Maria, die Widerspenstige, Trotzige (hebr.)

Martha/e, Herrin (hebr.)
Martina, s. Martin
Mathilde, mächtig als Kämpferin (dtsch.)
Melanie, die Schwarze (griech.)
Michaela, s. Michael
Monika, die Einsame (griech.)
Natalie, die zu Weihnachten Geborene (lat./frz.)
Nicole/tta/e, s. Nikolaus
Nina, eigenständig gewordene Kurzform von Katharina
Nora, eigenständig gewordene Kurzform von Eleonore
Pia, die Fromme (lat.)
Rachel, Lamm (hebr.)
Rebekka, die Bestrickende (hebr.)
Regina/e, Königin (lat.)
Renate, weibl. Form von Renatus, der Wiedergeborene (lat.)
Rita, eigenständig gewordene Kurzform von Margarethe
Roswitha, ruhmesstark (dtsch.)
Rotraut, die den Ruhm durch Zauber stärkt (dtsch.)
Ruth, Freundschaft (hebr.)
Sabine, zum – ital. – Stamm der Sabiner gehörend
Serena, die Heitere, weibl. Form von Serenus (lat.)
Sibilla/Sibylle (Sybille ist als Name eine sprachlich falsche Form), die Weissagerin, Prophetin (griech.)
Si(e)glinde, die mit der Zaubergerte Sieg Bewirkende (dtsch.)
Sigrid, die für den Sieg Zauberrunen ritzt (dtsch.)
Silvia/Sylvia, die Waldbewohnerin (lat.)
Sonja, zugewanderte eigenständig gewordene Form von russ. f. Sophia
Sophia/e, Weisheit (griech.)
Stella, Stern (lat.)
Stephanie/Stefanie, s. Stefan/Stephan; nicht zuletzt durch die populäre Tennisspielerin S. Graf ist die Kurzform **Steffi** ebenfalls als eigenständiger Name weithin üblich geworden
Susanna/e, Lilie (hebr.)
Theresa/e/ia, Jägerin (griech.)
Tina, eigenständig gewordene Kurzform von Martina
Toni, Kurzform von Antonia von Anton, (eine oft diskutierte "besser unzulässige Kurzform" – weil angesichts der verbreiteten männlichen Kurzform T. f. Anton nicht eindeutig geschlechtsspezifisch)
Ulla, eigenständig gewordene Kurzform von Ursula
Ursula, die kleine Bärin (lat.)
Uta/e, von Eigenname Oda (germ.)
Vera, Glaube (poln.russ.)
Viktoria, Sieg (lat.)
Viola, Veilchen (lat.)
Waltraud, zauberkräftig auf der Walstatt (dtsch.)
Wiltrud, willensstark und zauberkräftig (dtsch.)
Zita, die Geschwinde (lat.)

Auch das offizielle standesamtliche Familienbuch, das jedes Hochzeitspaar bei der Eheschließung ausgehändigt bekommt, enthält eine Vorschlagsliste "gebräuchlicher deutscher Vornamen". In ihr stehen folgende Namen (solche, die auch in der Liste oben schon stehen, sind hier nicht mehr aufgeführt):

Achim, Adalbert, Adolf, Albin, Albrecht, Alfons, Alfred, Alois, Alwin, Anselm, Aribert, Arno, Arnold, Arnulf, August; Balduin, Bartholomäus, Benno, Bertram, Blasius, Bodo, Bonifatius, Bruno, Burkhard; Christof; Diethelm; Eberhard, Edgar, Edmund, Eduard, Edwin, Egbert, Eginbard, Egon, Ehrenfried, Emil, Engelbert, Erhard, Eugen, Ewald; Feodor, Ferdinand, Fidelis, Florian, Fridolin, Frithjof, Fürchtegott; Gebhard, Gerald,

Gerwin, Gisbert, Gottfried, Gotthelf, Gotthold, Gottlieb, Gottwald, Götz, Guido, Gundolf, Guntram, Gustav; Hagen, Harro, Hartmann, Helge, Henning, Heribert, Herwart, Hildebrand, Horst, Humbert; Ignaz, Immanuel; Jost, Julian, Julius, Justus; Kasimir, Kaspar, Klemens, Knut, Konstantin, Korbinian, Kuno, Kunz, Kurt; Lambert, Leander, Leo, Leonhard, Leopold, Leuthold, Lorenz, Ludger, Ludolf, Luitpold, Lutz, Luzian; Magnus, Meinhard, Moritz; Neidhard, Notker; Oswin, Otfried, Ottokar; Peter, Pius; Raffael, Ralf, Ran-dolf, Reinald, Rochus, Roderich, Roger, Rolf, Roman; Samuel, Sebald, Sewerin, Siegbert, Siegmar, Siegmund, Silvester; Theobald, Thomas, Titus, Traugott; Utz, Vinzenz, Vitus, Volkmar; Waldemar, Wendelin, Wolf, Wolfhard; Xaver;

Ada, Adele, Adelgund, Adelinde, Adeltraud, Alma, Alwine, Amalie, Amanda, Angelika, Anneliese, Annemarie, Antonie, Armgard, Asta, Augusta, Aurelia; Babette, Bathilde, Berta, Blanka; Cäcilie, Charlotte; Edeltrud, Ehrentraud, Ella, Ellen, Elli, Elsbeth, Emilie, Emma, Erdmute, Erna, Ernestine, Eugenie; Feodora, Fides, Flora, Freia, Frieda, Friedegunde; Gerhild, Gislinde, Gundhild, Hadmut, Hannelore, Hedda, Hedwig, Helma, Helmtrud, Henriette, Hortense, Hulda; Ida, Ilse, Imma, Ingrid, Irene, Irma, Irmgard, Irmhild, Irmtrud, Isolde; Josefine; Karoline, Klara, Klementine, Klothilde, Kreszentia, Krimhilde, Kunigunde; Leontine, Lieselotte, Lore, Lotte, Lucie, Ludmilla, Luise, Luitgard, Lydia; Mechthilde, Meta, Minna; Notburga; Olga, Ortrud, Ottilie, Paula, Pauline; Regula, Reinhilde, Richarda, Rosa, Rosalia, Rosemarie; Selma, Sigrun, Sofie; Thekla, Theodora, Thusnelda; Ulrike; Valerie, Verena, Veronika; Walburga, Wanda, Wilfriede, Wilhelmine, Wilma, Wolfhild.

ERBSCHAFT, ERBEN, ERBRECHT, TESTAMENT

Die Familie war in der ganzen Menschheits-, jedenfalls aber der Zivilisations"-Geschichte, stets nicht nur die entscheidende Lebens- und Schicksalsgemeinschaft, sondern auch eine Vermögens- und Erbengemeinschaft. Das Kern-Beispiel dazu ist die bäuerliche Familie mit dem durch Erbschaft weitergegebenen Familienbesitz Bauernhof. In der städtischen Gesellschaft ist das Gegenstück dazu das Familienvermögen, das von Generation zu Generation wenn möglich vergrößert, jedenfalls aber weitergegeben wird; ebenfalls ein altüberkommener Begriff. Es reicht vom sprichwörtlichen Familienschmuck in der Samtschatulle bis zur Vererbung des Sparkassenbuchs oder auch des Einfamilienhauses. Die Beispiele der ganz großen Familienvermögen haben früher sogar oft gezeigt wie große gesellschaftliche Bedeutung sie erlangen können. Sie haben oft genug in Gesellschaft und Wirtschaft eine bedeutende Rolle erlangt und traten zuweilen zum Staat (der übergeordneten Sozialeinheit) in Konkurrenz. Zeitweilig oder gelegentlich auch länger beherrschten solche Familien, entweder mit ihrem Vermögen oder durch ihre Clan-Energie, den Staat. Zumindest wirkten sie an seiner Geschichte stark mit. Wer denkt da nicht sogleich an die vermögenden Familien (wobei "vermögend" hier sogar im Doppelsinn gilt) und ihren Einfluß – wie den der Fugger und Welser, oder der Krupp, Flick, Thyssen, oder, in Amerika, der großen Familienclans der Rockefeller, Vanderbilts oder Astors, Morgans, Ford bis hin zu den Kennedys... Wobei es natürlich auch genug Gegenbeispiele gibt: von Erben und Erbengemeinschaften, die sich nicht einigen können und damit große Familienvermögen und -einflüsse mehr oder minder ruinieren; nicht gerade mutwillig, aber oft durch Unfähigkeit, und durch die fast zwangsläufig entstehenden Mechanismen bei Meinungsverschiedenheiten und zuerst internen und dann offiziellen Auseinandersetzungen und Streitigkeiten. Ein "klassisches" Negativ-Beispiel dieser Art mit schwerwiegenden Folgen (nämlich einem Familienbankrott) von einer Industriellen-Familie ist erst in allerjüngster Zeit in der Öffentlichkeit sehr bekannt geworden und hatte sehr unerfreuliche Folgen für die Familie selbst und ihr Vermögen, aber auch für die Wirtschaft, für Produktionsstätten, Arbeitsplätze, Produktivität... Es ist nicht nötig, den Namen zu nennen, zumal es durchaus kein Einzelfall ist. Allein in der deutschen Nachkriegsgeschichte gibt es eine ganze Anzahl solcher nicht nur privat folgenreichen Familienfehden in wirtschaftlich und gesellschaftlich bedeutenden und einflußreichen Familien. Da braucht man nur die alten Zeitungsbände nachzulesen.

Daß derlei nicht nur sprichwörtlich "in den besten Familien" vorkommt, sondern immer und überall, braucht nicht eigens erwähnt zu werden. Da gibt es mancherlei Erfahrungen und Spruchweisheiten.

"Du kennst deyn Sippschaft? Erb erst mit jhnen!" wußte schon das 17.Jh. Und das sonstige deutsche Sprichwörtergut ist zu diesem Thema ebenfalls nicht arm. "Erben ist leicht erwerben." "Erben macht keine Blattern." Gut. Aber dann auch gleich: "Es erbet wol einer dess andern Geld, aber nicht sejn Glück." Der "sinnvolle" Grundsatz des Erbens wurde so festgehalten: "Es erbt das Erbe alleweg vor sich auf den Nächsten." Nach dem Erbgange nämlich fällt das Gut an den

Begräbnis in einer kleinen Stadt (Holzschnitt des Petrarka-Meisters)

nächsten Nachkommen: "Es erbt das nächste Blut." Alter Grundsatz (längst nicht mehr durch die modernen Erbgesetze gedeckt, natürlich) war auch: "Es erbt nichts aus des Mannes Fletz." Dies stammt vom ehelichen Güterrecht einst, und zwar von dem Falle, daß die ehelichen Güter eng verbunden waren, so daß sie gemeinschaftlich nach des Mannes Tod der Frau verblieben. Das Wort Fletz bedeutete althochdeutsch flachen Grund und Boden, Tenne, Haus, Halle, Wohnung, Stube, Kammer, Lager, Bett usw. (das heute noch gebräuchliche Wort Flöz im Bergbau ist damit verwandt), und meint hier die Verwandtschaft des Mannes, sein "Hauswesen". Weiter aus dem alten Sprichwörtergut, das ja viel von den alten Lebensweisen und Anschauungen verrät: "Man erbt nicht bei lebendem Leib." Niemand ist berechtigt, heißt das, sein Erbgut zu fordern, während dessen Besitzer noch lebt. Was in einem solchen Fall gegeben wird, kann nur als Geschenk betrachtet werden. "Man erbt niederwärts und nicht aufwärts": Nach dem allgemeinen Erbgang fallen die nachgelassenen Güter der Nachkommenschaft zu, wenn eine solche vorhanden ist, nicht etwa den Vorfahren, also etwa den Eltern oder gar Großeltern, falls diese noch leben. "Man muß nicht auf Erben hausen": auf künftige Erbschaften zu bauen und Ausgaben zu machen, ist nicht anzuraten, denn: "Wer auf Erben baut, baut auf Sand." Da zeigt sich die ebenfalls alte Erfahrungstatsache, daß Erben keineswegs immer die traute Familiengemeinschaft in Harmonie und Vertrauen auf die Weitergabe von Generation zu Generation ist... (Wenn man redensartlich sagt, daß nirgends soviel gelogen werde wie bei der Liebe, nach der Jagd und vor der Wahl, so ist die entsprechende Weisheit zu diesem Thema: Nirgends wird so viel gestritten wie in einer Ehe und bei einer Erbschaft). Der alten Sprichwörter sind noch mehr: "Wer erben thut, kommt leicht zu Gut." "Wer erben will, soll auch gelten." Gelten heißt hier "gelden" = Geld bezahlen, nämlich die Schulden des Erblassers: "Wer erbt, muß bezahlen." Auch damit war damals noch nicht die heute unvermeidliche Erbschaftssteuer gemeint, sondern ebenfalls der auch heute noch gültige Grundsatz: Der Erbe haftet für die Schulden des Erblassers, sobald er die Erbschaft bedingungslos antritt. Wichtig für das einstige und heutige tiefere Verständnis des Erbens ist jedoch dies: "Wer erbt, soll helfen erhalten." Beim alten Erbrecht stand vor allem die Erhaltung der Einheit und des Fortbestands des heimatlichen Herdes obenan. Dieser ging auf einen (in der Regel den ältesten) Sohn über. Die übrigen Geschwister oder anderen Erben wurden abgefunden, doch übernahm der Erbe mit dem väterlichen Gut auch die Pflicht, den abgefundenen Geschwistern für alle Wechselfälle des Lebens eine Heimstätte zu sichern – Grundgedanken, die ja seit jeher mit zum fundamentalen Wesen der Familie selbst gehörten. Tröstlicher dies, fürs erste: "Wer mit will erben, muß nicht mit sterben." "Wer nicht erben kann, soll auch nicht steuern." Steuern heißt hier natürlich Steuern bezahlen, wobei Steuern nicht nur als Staatssteuern zu verstehen sind: Wer nicht erbt, braucht auch nicht für die Schulden des Erblassers einzustehen. Die Appenzeller sagten: "Wer si of Erba spitzt, wird nebet ufi glitzt." Oder ähnlich: "Wer si of Erba tröst, ist zum Betle gröst" (= zum Betteln gerüstet). Nämlich wiederum, wie oben schon: "Wer sich aufs Erben verläßt, der ist verlassen." "Wer sich aufs Erben verlot, kommt entweder zu früh oder zu spot." "Wer sich verläßt aufs Erben, verläßt sich aufs Verderben." Aus Mecklenburg: "Wer sick verlett up't Arben, mag as ein Narr verdarben." Wichtig auch schon immer dies: "Wer will erben, der muß werben." Und damit war nicht nur gemeint, was man heute in einem bestimmten Sektor meint, wenn man die lieben Grüße und ein Musikstück, das man im Rundfunk für Mütter, Großmütter, Väter, Großväter, Tanten oder Onkel bestellt, im Volksmund schon längst die "Erbschleichersendungen" nennt. Thema vieler Satire und Bühnenschwänke sind auch die "Erbtante" bzw. der "Erbonkel". Zum letzten Sprichwort übrigens gibt es eine holländische, gar nicht uninteressante Variante: "Wer auf eine Erbschaft aus ist, muß das Testament genau lesen."

In alledem wird neben der "Medaille" des Erbens und der Erbschaften auch die Kehrseite dieser Medaille angesprochen: daß es zwar (sinnvoll und gut) das Recht und die Pflicht des Erbens und Vererbens gibt, aber auch zumindest ein gewisses Maß von positiv ausgedrückt freier Entscheidung, negativ gesagt Willkür. Das hängt damit zusammen, daß auch das Vermögen, das vererbt wird, meistens bivalent ist: zum Teil bereits ererbt als "Lehen" für die eigene Lebenszeit, aber sozusagen nur zur Verwaltung, mit der Bestimmung, es an die nächste Generation weiterzureichen, zum Teil aber auch durch eigene Mühen oder eigenes Geschick und Verdienst erworben oder vergrößert. Auch dazu wieder ist das alte

deutsche Sprichwörtergut reichhaltig. Übrigens, die alten Sprichwörter, dieses unvergleichliche Sammelbecken von "Volksgut", nämlich Volks (Lebens)Weisheit (oder zumindest einfach -erfahrung) kommen immer mehr aus der Mode. Das hängt allerdings auch damit zusammen, daß es schon immer, wie heute zu den Gutachten, zu jedem unweigerlich auch das Gegen-Sprichwort gab. Wie viele Sprichwörter es gibt? Wenn wir uns selbst abfragen, kommen wir in der Regel wohl auf nicht viel mehr als zwanzig oder fünfzig, von "Morgenstund hat Gold im Mund" bis "Am Abend wird der Faule fleißig". Doch wie viele gibt es wirklich? Das ist wie mit der Geschichte vom Büblein und den Sternen: unzählige. Die berühmteste deutsche Sprichwörtersammlung, der "Wander" aus dem 19.Jh., enthielt nicht weniger als – 200 000 Sprichwörter zu allen möglichen Themen! Daraus sind unsere Beispiele auch entnommen. Natürlich sind viele davon inhaltliche und regionale Varianten desselben Themas, so wie hier die zu Erben und Erbschaft. Trotzdem ist diese Zahl schon erstaunlich. Doch dies nur nebenbei.

"Ein Erbgut ist bald verzehrt." Es besteht die Gefahr, nicht selbst mühsam Erworbenes nicht so sorgsam zu hüten und leichtsinniger damit umzugehen. "Erbgut erbt bei der Schwertseite." Das ist uns heute nicht mehr verständlich. Es bedeutete: Verbindlichkeit und Fähigkeit zum Kriegsdienst war der Grundsatz, wonach den Freigeborenen Erbfolge in liegendem Gute bestimmt war. Wer ein solches Gut erben wollte, mußte "von Schwert halben" dazu geboren sein. Deshalb blieben die Töchter damals ursprünglich unbedingt ausgeschlossen. Auch dies folgende ist alte Tradition und damit altes Erbrecht: "Erbgut geht wieder den Weg, daher es gekommen." Falls es nämlich an erbberechtigten Nachkommen mangelt, fällt die Hinterlassenschaft an die "Ältern" zurück. Auch dies galt den Alten jedoch als beherzigenswert: "Erbgut ist kein Raubgut." Jedoch auch: "Erbgut kann niemand geben ohne der Erben Urlaub." Das handelt von der Unveräusserlichkeit erbeigener Güter durch Geschenk oder Verkauf, da sie wieder an die nächsten Erben fallen müssen." Und schließlich noch zwei Beispiele der erwähnten "Medaille" und ihrer "Kehrseite": "Erbgut will Hut." und: "Erbgut – Verderbgut."

Wie aber ist nun die heutige Rechtslage beim Weitergeben des Familienvermögens, also beim Erben? Da sind gewiß viele noch der Ansicht des alten verdrießlichen schweizerischen Sprichworts: "'s Erbrecht ist e Schiebrecht." Da tut sich auch in der Sprichwörtersammlung noch einmal ein Blick auf: "Auf Erbschaft harren, macht viel Narren." Das hatten wir sinngemäß schon. Aber weiter: "Die Erbschaft geht vom Spieß auf die Spindel." Dies ist noch eine Variante zu dem obigen: Daß das männliche Geschlecht einst vor dem weiblichen im Erbrecht den absoluten Vorzug hatte, wie es sich in manchen Dingen ja auch in manchen Ländern bis heute noch erhalten hat: bei manchen bürgerlichen und adeligen Erbfolgen beispielsweise. Mit Spieß oder Speer bezeichnete die ältere Sprache den Mann, mit Spindel oder Kunkel die Frau bzw., wie man einst ohne den heutigen abwertenden Beiklang sagte: das Weib. "Die Erbschaft währt, solang sie eine Ehe scheiden kann." Das bedeutete: Das deutsche Erbrecht wollte einst, daß das Erbe in der Familie bleibe. Dieser Grundsatz des Familienerbrechts sollte, besagte dieses Sprichwort also, solange maßgebend sein, als die Verwandtschaftsgrade eng genug sind, ein natürliches Ehehindernis zu bilden. Aus der wohl schon "ewigen" Lebenserfahrung schöpft dieses Sprichwort: "Keine Erbschaft, kein Process." Samt Mahnungen zur Vorsicht: "Erbschaft ist oft kein Gewinn." Wenn man sie nämlich unvorsichtig genug antritt, ohne vorher zu prüfen, ob die Schulden nicht etwa das Vermögen übersteigen. Die Redensart "Eine Erbschaft antreten, ohne den Nachlaß zu berechnen" meint das Gleiche: Einen, der unvorsichtig Verpflichtungen eingeht oder übernimmt, weil eben der, der sich unbedingt als Erben erklärt, auch die Schulden des Erblassers und alle seine sonstigen Verbindlichkeiten zu übernehmen hat.

Doch nun endlich zum geltenden juristischen Aspekt von Testament und Erbschaft. Da dies natürlich ein weites Feld ist, wird dies hier unter dem direkten Aspekt der Familie betrachtet.

Das Erbrecht ist im fünften Buch des Bürgerlichen Gesetzbuchs zusammengefaßt. Es regelt die Grundsätze der Erbfolge, die rechtliche Stellung des Erben, Annahme und Ausschlagung der Erbschaft, die Haftung des Erben für die Nachlaßverbindlichkeiten, den Erbschaftsanspruch und die sich aus einer Mehrheit von Erben ergebenden Rechtsfragen. Ferner wird, im dritten Abschnitt, alles geregelt, was die Erstellung und Wirksamkeit eines Testaments betrifft. Weitere Abschnitte betreffen den Erbvertrag, den Pflichtteil, Erbunwürdigkeit, Erbverzicht, Erbschein und Erbschaftskauf.

DAS ERBRECHT

Daß nur erben kann, wer zur Zeit des Erbfalls lebt, ist die zweite und eine logische Bestimmung des Erbrechts. Die erste stellt den Grundsatz fest: Mit dem Tod einer Person geht deren Besitz und Vermögen in den Besitz anderer, nämlich seines oder seiner Erben über. Es gibt gesetzliche Erben – erster, zweiter, dritter und vierter Ordnung (unter "fernere Ordnungen" fünfter und noch höherer Ordnungen fallen die entfernteren Voreltern des Erblassers und deren Abkömmlinge) und nicht gesetzliche, frei gewählte Erben. Erben erster Ordnung sind natürlich die direkten Abkömmlinge. Zur zweiten Ordnung gehören die Eltern des Erblassers und deren Abkömmlinge. Kinder erben gesetzlich immer zu gleichen Teilen und gesetzliche Erben höherer Ordnungen immer nur dann, wenn keine der nächst niedrigeren Ordnung vorhanden sind. Erbrechtlich als Sonderfall eingestuft ist der überlebende Ehepartner eines Erblassers mit einem gesetzlichen Anspruch von mindestens einem Viertel bis zur Hälfte, je nach Vorhandensein anderer gesetzlicher Erben. Alles erbt die Witwe oder der Witwer nur, wenn keine Erbberechtigten der ersten und zweiten Ordnung vorhanden sind. Dazu kommt allerdings auch noch die "Voraus"-Bestimmung für den überlebenden Ehegatten, die gewisse Voraus-Rechte beim Erben auch bei Vorhandensein von Erbberechtigten erster und zweiter Ordnung festlegt (Hausrat und Haushalteigentum der Ehe, etc.)

Das Wort Erbe übrigens bedeutet zunächst direkt die "Hinterlassenschaft", davon abgeleitet dann auch den Empfänger dieser Hinterlassenschaft. Das Wort stammt aus dem Althochdeutschen. Erbe und Erbschaft waren schon bei den alten Kelten und Germanen feste Rechtsbegriffe. Ihnen lag ursprünglich die Vorstellung des verwaisten schutzlosen Kindes zugrunde. Sprachwissenschaftlich gibt es eine direkte Verwandtschaft von german. erbe, ahd. erbi, got. arbi, altengl. ierfi und

"Die heilige Sippe", Detail (Holzschnitt), Lucas Cranach d. Ä. (um 1509)

schwedisch arv. Alle diese Wörter sind auch "urverwandt" mit dem gleichbedeutenden air, orbe, lat. orbus, beraubt und griechisch orphanos, verwaist. Armenisch heißt orb Waise und selbst altindisch findet sich der Sprachstamm mit arbhah, klein, schwach bzw. Kind. Das geht wiederum zurück auf das indogerman. Stammwort orbho-, verwaist, Waise. Die ursprüngliche Bedeutung ist also "Waisengut". ("Etymologie der dtsch. Sprache", Duden)

Wichtig ist, daß man zwar die Freiheit hat, eine Erbschaft auszuschlagen oder anzunehmen. Diese Erklärung muß man ausdrücklich abgeben. Wenn man sich aber erst einmal entschieden hat (oder die Erklärungsfrist auch nur verstreichen ließ), kann man die Entscheidung nicht mehr zurücknehmen. Und Annahme oder Ablehnung dürfen auch nicht mit Bedingungen oder Zeitbestimmungen verknüpft werden. Das Recht, eine Erbschaft auszuschlagen, ist sogar vererblich. Bis zur Annahme einer Erbschaft hat immer das Nachlaßgericht die Sorge für die Sicherung des Nachlasses. Bekannt ist die Bestimmung, daß der Fiskus, also der Staat, alles erbt, wozu sich keine gesetzlichen oder frei bestimmten Erben finden. Auch heute noch gilt, daß der Erbe nicht nur Haben, sondern auch Soll erbt: also nicht nur das Geld und Vermögen und den Besitz, sondern auch die Schulden. Es gibt da allerdings eine Reihe von auch gesetzlich festgelegten Ausnahmen über die Beschränkung der Haftung von Erben. Doch auch die Fälle, in denen die Erbenhaftung unbeschränkt ist, sind genau geregelt. Vielfach ist die Erstellung dessen, was überhaupt der Nachlaß ist, schon sehr schwierig. Die Inventarerstellung ist deshalb im Erbrecht ebenfalls genau vorgeschrieben und geregelt. Die Herausgabe eines Erbes oder Erbteils, wenn sie jemand in Besitz hat, kann eingeklagt werden. Die "Ersitzung" einer Erbschaft durch lange "Besitzhaltung" gegenüber einem rechtmäßigen Erben ist nicht möglich.

Allgemein bekannt ist natürlich, daß Erben dann schwierig wird, wenn es eine Mehrheit von Erben gibt. "Erben ist halb verderben", lautet deshalb das dazu passende Sprichwort. Es hat denselben Sinn wie: Zweimal umziehen ist soviel wie einmal abgebrannt. Aus Erbstreitigkeiten kommt selten etwas Gutes. Man zerstreitet sich mehr oder minder heftig, und das Erbgut wird dadurch auch in Mitleidenschaft gezogen. Die Erbauseinandersetzung ist denn auch ein fester juristischer und gesetzlicher Begriff, an sich nur sachlich gemeint, aber in aller Regel auch auf die Streit-Bedeutung des Wortes zutreffend. Erben mehrere Erben einen unteilbaren Besitz wie ein Haus, ein Grundstück, so kann jeder einzelne den Verkauf verlangen, wenn keine Erhaltungseinigung zustande kommt. Jeder Miterbe hat aber ein Vorkaufsrecht. Der Erblasser kann jedoch per Testament verfügen, daß ein solcher Erbbesitz ungeteilt bleibt, doch auch nur für höchstens 30 Jahre. Er kann aber andererseits bestimmte Fristen oder Ereignisse dafür bestimmen. Diese Bestimmungen treffen natürlich insbesondere für Bauernhöfe bzw. "Landgüter" zu und in gewissem Maße auch noch für andere Wirtschaftsunternehmen.

DAS TESTAMENT

Wie weit ein Testament "familiendienlich" wirkt, ist weder immer eindeutig noch unumstritten. Oftmals wird es ausdrücklich im gegenteiligen Sinne verstanden und auch beabsichtigt. Doch das ist ein anderes Thema. Es kann jedenfalls auch in diesem Sinne wirken, und das ist wohl auch in der großen Mehrheit der Fälle so. Daß häufiger Unzufriedenheit mit Testamenten unter den Hinterbliebenen besteht als wenn die gesetzlichen Pflichtregelungen Platz greifen, ist menschlich nur verständlich (wenn auch oft nicht sachlich gerechtfertigt). Jedenfalls ist das Testament die Möglichkeit, wirklich eigene Wert-Verfügungen zu treffen. Doch kein Testament kann völlig willkürlich gesetzlich Erbberechtigte ausschließen. Dies ist auch der Sinn der gesetzlichen

"Wie Lange unser Leben währet, es endet um der nächsten Generation Platz zu machen..."

Regelungen: nicht nur Ungerechtigkeiten und damit Un-Recht oder sogar Rache per Testament zu verhindern, sondern die "natürlichen Verpflichtungen", die jeder Erblasser außer seiner freien Verfügungsgewalt nach dem Grundsatz, daß Besitz auch verpflichtet, durchzusetzen.

Das Wichtigste an einem Testament dürfte allgemein bekannt sein: Es muß entweder handgeschrieben sein, mit Datum und Zeugen, oder offiziell vor einem Notar erstellt werden, soll es gültig sein.
Der Erblasser kann ein Testament immer nur persönlich errichten. Er kann nicht einmal eine letztwillige Verfügung in der Weise treffen, daß ein anderer bestimmen soll, ob sie gelten soll oder nicht. Auch die Bestimmung darüber, wer etwas bekommen soll, kann er nicht einem anderen überlassen.

Die Vererblichkeit von Vermögen und die Testierfähigkeit (= das Recht und die Möglichkeit, ein Testament zu errichten und zu hinterlassen), sind im übrigen Teil des Grundgedankens unseres ganzen Bürgerlichen Rechts, nämlich der Selbstgestaltung des eigenen Lebensbereichs. Sie bedeuten, in der Sprache der Rechtskommentare, die Verlängerung des individuellen Eigentums und der freien Verfügung darüber über den Tod des Eigentümers hinaus: "Damit gewinnt der einzelne die Möglichkeit, nicht nur für sich selbst, sondern für die Zeit nach seinem Tode für seine Kinder oder andere ihm nahestehende Personen oder für bestimmte sachliche Aufgaben vorzusorgen. Eingeschränkt wird die Testierfähigkeit jedoch durch die Rücksicht auf das Familienprinzip... Diese Bestimmungen

53

haben durch das Grundgesetz der Bundesrepublik eine erneute Bekräftigung erfahren und sind zum Teil sogar in den Rang von Verfassungsprinzipien erhoben worden. So garantiert Art. 14, Abs. 1 GG das Eigentum und das Erbrecht und damit zwei der wichtigsten privatrechtlichen Institutionen." (BGB-Kommentar 1987, Prof. Dr. K. Larenz)

Neben einer Reihe vorsorglicher Schutzbestimmungen im Testamentsrecht wie bei mehrdeutigen Bezeichnungen oder der Unwirksamkeit letztwilliger Verfügungen durch Eheauflösung gibt es insbesondere das Recht der Testamentsanfechtung. Dies ist natürlich nicht schrankenlos möglich, sondern an gewisse Vorbedingungen sachlicher und materieller Art gebunden. Nicht grundsätzlich kann jedes Testament angefochten werden, und nicht von jedem Beliebigen. Und wenn, dann auch nur binnen Jahresfrist.
Ein Erblasser kann nicht nur direkte Erben – was immer heißt: Haupt-Erben neben den Pflichterbteilen – bestimmen, sondern auch Nacherben, doch nur mit 30jähriger Frist. Für solche Fälle treten besondere Bestimmungen für die Pflichten der Vorerben in Kraft.

Ein Sonderfall von Erbschaft und Testamentsverfügung ist das Vermächtnis. Mit einem Vermächtnis kann der Erbe oder ein Vermächtnisnehmer "beschwert" werden. Anders ausgedrückt: wer ein Vermächtnis übertragen bekommt und übernimmt, hat damit die Pflicht übernommen, eine bestimmte Aufgabe zu erfüllen, deren Ausführung der Erblasser von ihm wünschte. Das kann ideelle Aufgaben betreffen oder eine bestimmte Vermögensnutzung und mit Entgelt oder Profitnutzung verbunden sein oder auch nicht.

Mit der Annahme ist jedenfalls die Verpflichtung auch wirksam und so wenig wie eine angenommene Erbschaft zurücknehmbar. Auch hier gelten 30jährige Fristen mit Ausnahmeregelungen. "Unmögliche" oder "verbotene" Vermächtnisse sind rechtsunwirksam.

Ein weiterer Sonderfall von Erbschaftsrecht und Testament ist der Testamentsvollstrecker. Der Erblasser kann einen oder mehrere solche in seinem Testament bestimmen. Die Auswahl der Person im einzelnen kann er einem Dritten übertragen. Er kann auch bestimmen, daß das Nachlaßgericht offiziell einen Testamentsvollstrecker ernennen soll. Natürlich kommt dieser nur bei größeren Vermögen oder komplizierten Verhältnissen in Frage. Insbesondere im letzteren Falle und, wenn es unter mehreren Erben ganz besondere Streitigkeiten gibt, kann auch das Nachlaßgericht von Amts wegen einen Testamentsvollstrecker einsetzen.
Wie der Name besagt, besteht die Aufgabe des Testamentsvollstreckers darin, die letztwillige Verfügung des Erblassers "zur Ausführung zu bringen", wie es der Gesetzestext formuliert. Er hat insbesondere die Erbauseinandersetzungen zu bewirken, wenn mehrere Erben vorhanden sind, und im übrigen den Nachlaß zu verwalten. Dazu kann er ihn in Besitz

nehmen und über die Nachlaßgegenstände verfügen, also wie der Eigentümer damit umgehen, jedoch nicht zum eigenen Vorteil und nicht zum Nachteil der Erben, sondern er ist, selbstverständlich, zur "ordnungsgemäßen Verwaltung" verpflichtet. Die Erben können auch regelmäßig, mindestens einmal jährlich, von ihm Rechnungslegung verlangen. Bei einer sog. Dauervollstreckung gilt wiederum die Frist von 30 Jahren, es sei denn, der Erblasser habe ausdrücklich anderes verfügt. Entscheidend ist auch, daß ein Erbe über einen "Nachlaßgegenstand", der der Verwaltung des Testamentsvollstreckers unterliegt, nicht selbst verfügen kann.

Ein Testament kann man frühestens mit 16 Jahren errichten. Dazu benötigt der Minderjährige nicht die Zustimmung seines gesetzlichen Vertreters. Doch er kann es nur durch mündliche Erklärung oder durch "Übergabe einer offenen Schrift" tun. Wer aber entmündigt ist, kann natürlich kein Testament errichten. Die beiden "ordentlichen" Testamentsformen sind oben schon erwähnt worden: durch Niederschrift bei einem Notar und durch "eine vom Erblasser nach § 2247 BGB abgegebene Erklärung" – im normalen Sprachgebrauch das "öffentliche" bzw. das "private" Testament.

§ 2247. Eigenhändiges Testament.

(1) Der Erblasser kann ein Testament durch eine eigenhändig geschriebene und unterschriebene Erklärung errichten.

(2) Der Erblasser soll in der Erklärung angeben, zu welcher Zeit (Tag, Monat und Jahr) und an welchem Ort sie niedergeschrieben ist.

(3) Die Unterschrift soll den Vornamen und den Familiennamen des Erblassers enthalten. Unterschreibt der Erblasser in anderer Weise und reicht diese Unterzeichnung zur Feststellung der Urheberschaft des Erblassers und der Ernstlichkeit seiner Erklärung aus, so steht eine solche Unterzeichnung der Gültigkeit des Testaments nicht entgegen.

(4) Wer minderjährig ist oder Geschriebenes nicht zu lesen vermag, kann ein Testament nicht nach obigen Vorschriften errichten.

(5) Enthält ein nach Absatz 1 errichtetes Testament keine Angabe über die Zeit der Errichtung und ergeben sich hieraus Zweifel über seine Gültigkeit, so ist das Testament nur dann als gültig anzusehen, wenn sich die notwendigen Feststellungen über die Zeit der Errichtung anderweitig treffen lassen. Dasselbe gilt für ein Testament, das keine Angabe über den Ort der Errichtung enthält.

§ 2248. Verwahrung des eigenhändigen Testaments.

Ein nach den Vorschriften des § 2247 errichtetes Testament ist auf Verlangen des Erblassers in besondere amtliche Verwahrung zu nehmen...

Nottestamente kann man vor dem Bürgermeister der Gemeinde, in dem der Erblasser sich zu dieser Zeit aufhält, errichten, wozu dieser zwei Zeugen mitbringen muß. Auch sonst gibt es noch einige gesetzlich festgelegte Fälle für Nottestamente, vom Seetestament bis zu sonstigen "außergewöhnlichen Umständen", wo dann aber drei Zeugen notwendig sind. Für die im § 2248 erwähnte "amtliche Verwahrung" sind übrigens die Amtsgerichte zuständig. Ein Nottestament verliert nach drei Monaten seine Gültigkeit, wenn der Erblasser dann noch lebt, abgesehen von bestimmten

Ausnahmefällen (= wenn der Erblasser trotzdem außerstande ist, ein normales Testament zu errichten, Verschollenheit, Todeserklärungen etc.). Man kann sein Testament, solange man noch lebt, jederzeit widerrufen und durch ein neues ersetzen. Doch selbst wenn ohne weitere Regelungen nur der Widerruf erklärt wird, gilt dies als neues Testament. Allerdings ist auch der "Widerruf" durch Vernichtung des rechtsgültigen Testaments möglich und wirksam. Ein notarielles Testament gilt auch bereits als widerrufen, wenn es aus der amtlichen Verwahrung zurückgefordert und tatsächlich zurückgenommen ist. Dies kann man auch jederzeit verlangen. Die amtliche Verwahrstelle hat keine Möglichkeit, es zu verhindern oder zu verweigern. Sie darf das Testament allerdings auch nur dem Erblasser persönlich aushändigen. Für das "private" Testament ist die Tatsache der Rückgabe aus der amtlichen Verwahrung aber nicht als Widerruf des Testaments selbst wirksam. Bei Testamenten ist jedoch auch der Widerruf des Widerrufs zulässig. "Im Zweifel ist die Verfügung wirksam, wie wenn sie nicht widerrufen worden wäre." Durch ein späteres Testament wird ein früheres aber nur insoweit aufgehoben, als das spätere zu dem früheren im Widerspruch steht.

Ein weiterer Sonderfall des Testaments ist das gemeinschaftliche Testament. Es kann nur von Ehegatten errichtet werden, jedoch auch als Nottestament, selbst wenn die dafür nötigen Voraussetzungen nur bei einem Ehegatten vorliegen. Es gibt auch das sog. "Berliner Testament": Ehegatten haben einander in einem gemeinschaftlichen Testament mit gegenseitigem Einsetzen des Überlebenden als Erben zusätzlich festgelegt, daß nach dem Tode auch des Überlebenden der gemeinsame Nachlaß ganz an einen Dritten fallen soll. "Im Zweifel ist anzunehmen, daß der Dritte für den gesamten Nachlaß als Erbe des zuletzt gestorbenen Ehegatten eingesetzt ist." Ist ein Vermächtnis damit verbunden, "so ist im Zweifel anzunehmen, daß es erst mit dem Tode des Überlebenden anfallen soll". Gibt es jedoch Umstände, die annehmen lassen, daß bei gemeinschaftlichen Ehegatten-Testamenten Verfügungen enthalten sind, die nicht tatsächlich gemeinsam getroffen wurden oder den gemeinsamen Absichten entsprechen, ist ein solches Testament bzw. die entsprechende Verfügung nichtig und unwirksam; natürlich ebenso, wenn einer von beiden den Widerruf noch zu beider Lebzeiten erklärt. Ebenso kann ein gemeinschaftliches Ehegattentestament nur von beiden gemeinsam aus der amtlichen Verwahrung zurückgenommen werden.

DER ERBVERTRAG

Wird ein Erbvertrag geschlossen, so kann dies der Erblasser nur persönlich tun. Er muß dazu natürlich auch unbeschränkt geschäftsfähig sein. Ausnahme: Ehegatten-Erbverträge. Sie sind auch möglich, wenn einer der Gatten nur beschränkt geschäftsfähig ist, allerdings benötigt er dann die Zustimmung seines gesetzlichen Vertreters und, falls dieser ein Vormund ist, auch die des Vormundschaftsgerichts. Für die Erstellung gelten im wesentlichen die Vorschriften der Testamentserrichtung. Ein Erbvertrag enthält, wie der Name an sich schon sagt, vertragsgemäße Verfügungen von Todes wegen. Andere Verfügungen als Erbeinsetzungen, Vermächtnisse und Auflagen können in einem solchen Vertrag normalerweise nicht getroffen werden.

Der Erbvertrag ist eine Sonderform des Testaments, könnte man sagen. Er kann deshalb auch in einem Testament teilweise oder ganz widerrufen werden. Allerdings ist zur Wirksamkeit natürlich die Zustimmung des anderen Vertragspartners erforderlich, andernfalls ja die Vertragssicherheit nicht gewahrt wäre; es sei denn, der Erblasser habe sich von vornherein im Erbvertrag einen Rücktritt davon vorbehalten. Dann kann er auch zu den festgelegten Bedingungen allein und auf eigenen Entschluß davon zurücktreten.

Ein weiterer Sonderfall bei Testament und Erbvertrag: die Schenkung. Sie dient ja oft als ein Mittel, die spätere Erbschaftssteuer zu umgehen oder zu mindern. Das Thema ist mit einigen juristischen Fußangeln und Feinheiten verbunden, auf die hier einzugehen nicht der Ort ist. (Die Schenkung ist in den §§ 516-534 BGB sowie in einzelnen Bestimmungen zu den Themen Erbvertrag, Anrechnung auf die gesetzlichen Pflichtteile und Eherecht/Zugewinngemeinschaft geregelt. Sie ist im Normalfall auch notariell zu beurkunden.)

GESETZLICHER UND PFLICHT-ERBTEIL

Der sog. "Pflichtteil" bei einer Erbschaft besteht in der Hälfte des gesetzlichen Erbteils. Die gesetzlichen Erbteile sind: Kinder erben zu gleichen Teilen drei Viertel, der Ehegatte ein Viertel; sind keine Kinder vorhanden, je zur Hälfte die Eltern, wenn keine sonstigen Erben vorhanden sind; Nachkömmlinge erbender Kinder erben wieder deren Anteil im gleichen Anteilsverhältnis untereinander usw. Von Pflichtteil spricht man dann, wenn der Erblasser einen Abkömmling durch Verfügung von Todes wegen ausdrücklich von der Erbfolge ausgeschlossen hat. Gleiches gilt für Ehegatten und Eltern der Erblasser. Beim Ehegatten sind aber auch noch die Bestimmungen der Zugewinngemeinschaft zu berücksichtigen. Berechnet sich der Pflichtteil geringer als die Hälfte des gesetzlichen ausmachen würde, kann der Ausgleich der Differenz vom, bzw. von den Erben gefordert werden. Der Pflichtteil kann im übrigen auch verlangt werden, wenn beispielsweise ein Vermächtnis, das dem Pflichtteilberechtigten übertra

Die Midgardschlange, altes mythisches Symbol für das allumfassende Leben und die Kontinuität des Seins

gen wurde, ausgeschlagen wird. Die Eltern eines Erblassers können keinen Pflichtteil verlangen, wenn rangmäßig nach der Erbberechtigtenordnung noch Pflichtteilberechtigte vor ihnen vorhanden sind.

Daß sich gerade bei diesem Thema viele Streitigkeiten, Unsicherheiten und Schwierigkeiten der Feststellung ergeben, liegt auf der Hand. Das Thema ist ja auch naturgemäß ein eher unerfreuliches und dem Familienzusammenhalt und -frieden wenig dienliches. Es wird selbstverständlich auch nur bei Vorliegen gravierender Umstände aktuell werden. Die Gründe, die selbst den Entzug eines Pflichtteils begründen und rechtfertigen, müssen bereits überaus gravierend sein und sind mit "schweren Verbrechen oder Vergehen gegen den Erblasser" bis "ihm nach dem Leben trachten" umschrieben.

ERBUNWÜRDIGKEIT, ERBVERZICHT, ERBSCHEIN

Dies berührt dann bereits die "Erbunwürdigkeit", der ein weiterer Abschnitt des Erbrechts im BGB gewidmet ist. Auch sie tritt naturgemäß nur bei sehr gravierenden Umständen im o. g. Sinne ein und braucht hier nicht weiter erörtert zu werden. Der letzte Abschnitt, der Erbverzicht, ist eine sozusagen vorgezogene Ausschlagung einer erst zu erwartenden Erbschaft und nur durch notarielle Beurkundung möglich und gültig. Eine beispielsweise in einem hitzigen Streit ausgesprochene Bemerkung dieser Art ist weder rechtsgültig noch einklagbar.

Jeder Erbe kann den Nachweis seiner Erbschaft, den amtlichen Erbschein, beantragen. Der Erbschein ist jedoch keine zwingende Notwendigkeit oder wird automatisch ausgestellt, wie sich schon aus der Formulierung "kann" ergibt. Wird er aber beantragt, muß er auch ausgestellt werden, sofern natürlich die Voraussetzungen vorliegen und die nötigen Unterlagen beigebracht sind. In der Praxis ist der Erbschein freilich unerläßlich, da ohne ihn weder die Banken Konten freigeben noch Versicherungen oder Rententräger bezahlen, usw..

Der "Erbschaftskauf" schließlich ist eine Folgeform der Erbschaft, die möglich, aber ebenfalls strengen Formalitäten unterworfen ist: "Ein Vertrag, durch den der Erbe die ihm angefallene Erbschaft verkauft, bedarf der notariellen Beurkundung. Der Käufer hat dabei die Nachlaßverbindlichkeiten mitzuübernehmen. Jeder Verkäufer einer Erbschaft hat dies allen, die in irgendeiner Weise davon betroffen sind, mitzuteilen."

AHNENFORSCHUNG – WARUM UND WIE?

Für den Normalmenschen ist Ahnenforschung eine Sache, die kaum je über drei oder vier Generationen rückwärts reicht – aus praktischen wie sachlichen Gründen. "Praktisch" läßt das Interesse (und Wissen) darüber hinaus nach, sachlich wird es einfach immer schwieriger zu dokumentieren, je weiter rückwärts es geht.

Ahnen, die weiter als drei oder vier Generationen zurückliegen, verlieren sich buchstäblich in der grauen Vorzeit und vermögen uns über die reinen Lebensdaten hinaus kaum noch etwas mitzuteilen oder unser spezielles Interesse zu erregen, soweit es nicht das reine Sammler-Interesse ist. Der Sammler wird bekanntlich von seinem Gegenstand jenseits aller Vernunft- oder Rationalitäts-, Wirtschaftlichkeitsgrenzen hinweg gefesselt und ist am Ende nur noch vom reinen Drang, soviel zusammenzutragen, wie er nur von seinem Thema kriegen kann, gefesselt, ohne daß ihn das Einzelstück noch sonderlich interessieren würde. So geht es uns auch mit unseren Vorfahren jenseits eines noch begreifbaren, überschaubaren Zeitraums. Zumal dann, wenn es sich um "Normalmenschen" handelte. Es ist natürlich etwas anderes, ob ein Schloßbesitzersgeschlecht (von königlichen Familien gar nicht zu reden) seine Ahnengeschichte bis zu den Kreuzfahrern zurückverfolgen will und kann. Das sind eben Sonderfälle. Manch einer versucht sich ohnehin wenig aus alledem zu machen, weil er argumentiert: Gott, daß wir Vorfahren haben, ist die selbstverständlichste Tatsache der Welt, doch was haben wir mit ihnen zu tun, außer daß sie eben irgendwo unter unseren Vorfahren auftauchen? Das kann man natürlich so sehen. Aber jeder vernünftige Mensch weiß auch, daß wir keine Zufallsprodukte sind, sondern von unserem Herkommen und unseren Vorfahren genetisch geprägt sind. Sowenig wie es, nach einem be-

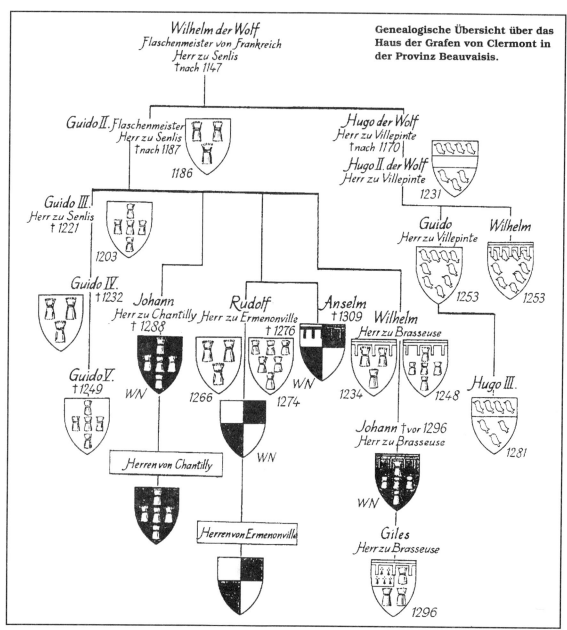

kannten Dichterwort, gleichgültig ist, wo man geboren ist, ist es so ganz unwichtig, welche Vorfahren man hat.

Nun steht am Anfang jeder Ahnenforschung die einigermaßen deprimierende Einsicht, daß dies ein Feld ohne Ende ist. Und in der Tat bekommt man das Kopfkratzen, wenn man sich vergegenwärtigt, wie ungeheuerlich unsere Ahnen sich vervielfältigen, wenn man, geschichtlich gesehen, überhaupt nur ein paar Generationen zurückgeht. Es ist ein wenig so wie mit dem berühmten Beispiel von den Weizenkörnern auf dem Schachbrett: auf dem ersten eines und doppelt so viele auf jedem weiteren. Daß auf dem 64. Schachbrettfeld dann eine Weizenmenge liegen müßte, die größer ist als alle Weizenernten der Welt, von den Anfängen des Akkerbaus bis heute, ist eine Erkenntnis, die so verblüffend ist, daß man sie kaum begreifen und glauben mag. Und wenn man dieses Spiel mit unseren Vorfahren macht, kommen ähnliche, erst einmal verblüffende Zahlen heraus.

AHNENGENERATION, RÜCKWÄRTS AUFSTEIGEND

Üblicherweise wird eine Generation mit 30 Jahren gerechnet.

1. Generation (Person)	1
2. Generation (Eltern)	2
3. Generation (Großeltern)	4
4. Generation (Urgroßeltern)	8
5. Generation (Ururgroßeltern)	16
6. Generation (Urururgroßeltern)	32
7. Generation	64
8. Generation	128
9. Generation	256
10. Generation	512

(10 Generationen = 300 Jahre = also bis ca. 1690 = 512 Vorfahren)

11. Generation	1 024
12. Generation	2 048
13. Generation	4 096
14. Generation	8 192
15. Generation	16 384
16. Generation	32 768
17. Generation	65 536
18. Generation	131 072
19. Generation	262 144
20. Generation	524 288

(20 Generationen = ca. 600 Jahre = ca. 1390 = über eine halbe Million Vorfahren)

21. Generation	1 048 576
22. Generation	2 097 152
23. Generation	4 194 304
24. Generation	8 388 608
25. Generation	16 777 216
26. Generation	33 554 432
27. Generation	67 108 864
28. Generation	134 217 728
29. Generation	268 435 456
30. Generation	536 870 912

(30 Generationen = ca. 900 Jahre = ca. 1090 = 536 Millionen Vorfahren)

Also: würden wir eine Ahnentafel erstellen, die nicht einmal tausend Jahre rückwärts reicht, so müßten in ihr eine halbe Milliarde Einzelpersonen stehen. Eine wahrhaft astronomische Zahl, die schnell zu dem Trugschluß verleitet: um Gotteswillen, wenn ich allein schon eine solche Menge Vorfahren habe, wie viele Menschen müssen da bisher schon auf der Erde gelebt haben? Das kann doch gar nicht sein.

Es kann selbstverständlich nicht sein. Es ist ein Denkfehler und Trugschluß.

Natürlich verbieten die Interdepedenzen der Vorfahren-Generationen-Verästelung eine rein geometrische Zahlen-Summierung. Die halbe Milliarde Vorfahren jedes heute Lebenden sind natürlich nicht nur seine eigenen, sondern zugleich ja auch – je weiter die Generationenfolge zurückreicht – sich überschneidend die Mit-Vorfahren Millionen anderer Zeitgenossen von heute. Andernfalls könnte man sich tatsächlich mit einiger mathematischer Begabung und Erfahrung die Rechnung aufmachen, wie viele

Menschen bis heute gelebt haben müßten, wenn jedermanns Vorfahren nur die eigenen wären... Also, das sind theoretische Rechenspiele. Trotzdem zeigen sie, wie schwierig und vielverzweigt, wie tatsächlich unendlich verästelt dieses Gebiet ist.

Der zweite Punkt – der sachlich-dokumentarische – wiegt nicht minder schwer. Wer je einmal versucht hat, Dokumente aus der Zeit etwa vor 1800, geschweige 1700 oder noch früher zu bekommen, weiß, welche Mühen, welcher Zeit- und auch Kostenaufwand damit im Einzelfall verbunden sein können. Und im Normalfall wird ohnehin irgendwo die erste entscheidende Lücke klaffen (wenn nicht bereits sehr viel früher: Was allein durch jüngere Kriegsereignisse an Faszikeln verloren ging und vernichtet wurde, ist kaum abzuschätzen).

Jede Ahnentafel braucht ihr Ordnungssystem, oder man muß gar nicht erst anfangen. Dafür aber gibt es verbindliche Maßstäbe. Die folgende Tabelle, die die obige Zahlenaufstellung genealogisch variiert bzw. klärt, gibt die Zählordnung an; jeder Vorfahre erhält seine eigene Ordnungszahl):

0. Geschlechterreihe
Nr. 1 (Ich-Person[en]: 1a, 1b, 1c...)

1. Geschlechterreihe
Nr. 2-3 (Eltern: 2 Vater, 3 Mutter)

2. Geschlechterreihe
Nr. 4-7 (Großeltern)

3. Geschlechterreihe
Nr. 8-15 (Urgroßeltern)

4. Geschlechterreihe
Nr. 16-31 (usw.)

5. Geschlechterreihe
Nr. 32-63

6. Geschlechterreihe
Nr. 64-127

7. Geschlechterreihe
Nr. 128-255

8. Geschlechterreihe
Nr. 256-511

9. Geschlechterreihe
Nr. 512-1 023

10. Geschlechterreihe
Nr. 1 024-2 047

11. Geschlechterreihe
Nr. 2 048-4 095

12. Geschlechterreihe
Nr. 4 096-8 191

13. Geschlechterreihe
Nr. 8 192-16 383

14. Geschlechterreihe
Nr. 16 384-32 767

15. Geschlechterreihe
Nr. 32 768-65 535

16. Geschlechterreihe
Nr. 65 536-131 071

17. Geschlechterreihe
Nr. 131 072-262 143

18. Geschlechterreihe
Nr. 262 144-524 287

19. Geschlechterreihe
Nr. 524 288-1 048 575
usw.

Dieses System ist international anerkannt und gültig, schon seit 1676, als der Spanier Hieronymus de Sosa es erarbeitete. Seit Ende des 19. Jh. ist es allgemein in die familienkundliche Wissenschaft eingeführt worden. Die Methode der Ordnungszahlenzuweisung (bei mehreren Geschwistern tragen in der 0-Generation, fachlich nennt man sie auch die Probandengeneration = Ausgangsperson mit der Nr.1, diese, s.o., die Zahlen 1a, 1b, 1c usw.) hat den Vorteil, daß von der 1., der Eltern-Generation an, alle männlichen Personen gerade, alle weiblichen ungerade Zahlen führen, daß der Vater eines Ahnen durch Verdoppelung von dessen Ordnungszahl gefunden werden kann (4 ist der Vater von 2, 8 der von 4, 16 der von 8; 6 ist der Vater von 3, 12 von 6, 24 von 12 usw.) und daß außerdem in jeder Geschlechterreihe die am weitesten links stehende Ziffer, also die Träger des Familiennamens des "Probanden", auch die Gesamtzahl der in dieser Generation vorhandenen Ahnen angibt; Ur-Großvater 8 ist der Träger des Familiennamens und man hat insgesamt 8 Urgroßeltern, Ur-Ur-Großvater 16 ist ebenfalls der Namensträger und -weitergeber und man hat 16 Ur-Ur-Großeltern usw. (Mit dem neuen Namensrecht von heute kann es da allerdings in künftigen Generationen etwas Durcheinander geben, wenn nicht mehr der Vatername als Familienname weitergegeben wird.)

Eine Frage der persönlichen Entscheidung ist im übrigen, ob man als Familie für jedes Kind ein eigenes Familienbuch dieser Art anlegen soll, damit es später nicht auf das allgemeine oder das des ältesten Geschwisters angewiesen ist.

Die oben aufgelisteten einzelnen Geschlechterreihen und die dazugehörenden Vorfahrennummern sind im folgenden einzeln ausgeführt. Die Zahlenzuordnung ist ganz unerläßlich für jeden Einzeleintrag und für die Übersicht. Die nachfolgende Liste ist der Definitions-, Kontroll- und Bezugs-Index. Die Übersichtstafel auf Seite 66/67 stellt diese Liste optisch dar und erleichtert damit das Verständnis; sie macht die Liste optisch anschaulicher und eben übersichtlich:

VORFAHRENSTATUS UND ZUORDNUNG

0. Generation:

Ich-Person
Nr 1: Jüngste Generation der Familie, also "Ich-Person" bzw. Ich-Personen, nämlich das Kind/die Kinder der Familie, die diese Ahnentafel führt. Sind mehrere Kinder vorhanden, so können sie gemeinsam unter 1 aufgeführt werden, oder auch als 1a), 1b), 1c) ..., jeweils mit den eigenen Namen und Lebensdaten.

1. Generation:

Eltern
Nr. 2: Vater (= Ehemann der Familie, die die Ahnentafel führt)
Nr. 3: Mutter (= Ehefrau von 2)

In Familien, in denen Kinder aus früheren Ehen vorhanden sind, könnte zwar der Vater oder die Mutter dieser Kinder auch als 2b bzw. 3b eingeführt werden, entsprechend wären die gegenwärtigen Ehepartner-Eltern 2a und 3a zu nennen. Doch davon ist abzuraten. Es brächte ganz ungeheure Verwirrungen mit sich, je weiter es zurück ginge. Für solche Kinder müßten allenfalls ihre eigenen separaten Ahnentafeln angelegt werden, da sich bei ihnen natürlich der gesamte Vorfahrenstamm des geschiedenen Elternteils ändert.

3. Generation:

Großeltern

(Eltern von Vater/2 und Mutter/3)

Nr. 4: Vater des Vaters/2
Nr. 5: Mutter des Vaters/2

Nr. 6: Vater der Mutter/3
Nr. 7: Mutter der Mutter/3

4. Generation:

Ur-Großeltern

(Eltern von 4-7, Großeltern von 2-3)

Nr. 8: Großeltern des Vaters/2:
Großvater des Vaters/2, väterlicherseits
Nr. 9: Großmutter des Vaters/2, väterlicherseits
Nr. 10: Großvater des Vaters/2, mütterlicherseits
Nr. 11: Großmutter des Vaters/2, müttelicherseits

Großeltern der Mutter/3:
Nr. 12: Großvater der Mutter/3, väterlicherseits
Nr. 13: Großmutter der Mutter/3, väterlicherseits
Nr. 14: Großvater der Mutter/3, mütterlicherseits
Nr. 15: Großmutter der Mutter/3, mütterlicherseits

5. Generation:

Ur-Ur-Großeltern

(Eltern der Großeltern 8-15)

Vaterlinie:

Nr. 16: Ur-Ur-Großvater
(Vater von 8, Großvater von 4, Urgroßvater von 2)
Nr. 17: Ur-Ur-Großmutter
(Mutter von 8, Großmutter von 4, Urgroßmutter von 2)
Nr. 18: Ur-Ur-Großvater,
(Vater von 9, Großvater von 4, Urgroßvater von 2)
Nr. 19: Ur-Ur-Großmutter
(Mutter von 9, Großmutter von 4, Urgroßmutter von 2)
Nr. 20: Ur-Ur-Großvater
(Vater von 10, Großvater von 5, Urgroßvater von 2
Nr. 21: Ur-Ur-Großmutter
(Mutter von 10, Großmutter von 5, Urgroßmutter von 2)
Nr. 22: Ur-Ur-Großvater
(Vater von 11, Großvater von 5, Urgroßvater von 2)
Nr. 23: Ur-Ur-Großmutter
(Mutter von 9, Großmutter von 4, Urgroßmutter von 2)

Mutterlinie:

Nr. 24: Ur-Ur-Großvater
(Vater von 12,
Großvater von 6,
Urgroßvater von 3)

Nr. 25: Ur-Ur-Großmutter
(Mutter von 12,
Großmutter von 6,
Urgroßmutter von 3)

Nr. 26: Ur-Ur-Großvater
(Vater von 13,
Großvater von 6,
Urgroßvater von 3)

Nr. 27: Ur-Ur-Großmutter
(Mutter von 13,
Großmutter von 6,
Urgroßmutter von 3)

Nr. 28: Ur-Ur-Großvater
(Vater von 14,
Großvater von 7,
Urgroßvater von 3)

Nr. 29: Ur-Ur-Großmutter
(Mutter von 14,
Großmutter von 7,
Urgroßmutter von 3)

Nr. 30: Ur-Ur-Großvater
(Vater von 15,
Großvater von 7,
Urgroßvater von 3)

Nr. 31: Ur-Ur-Großmutter
(Mutter von 15,
Großmutter von 7,
Urgroßmutter von 3)

---
6. Generation:

Ur-Ur-Ur-Großeltern

(Eltern der Ur-Ur-Großeltern 16-31)

Vaterlinie:

Nr. 32: Ur-Ur-Ur-Großvater
(Vater von 16,
Ur-Ur-Großvater von 2)

Nr. 33: Ur-Ur-Ur-Großmutter
(Mutter von 16,
Ur-Ur-Großmutter von 2)

Nr. 34: Ur-Ur-Ur-Großvater
(Vater von 17,
Ur-Ur-Großvater von 2)

Nr. 35: Ur-Ur-Ur-Großmutter
(Mutter von 17,
Ur-Ur-Großmutter von 2)

Nr. 36: Ur-Ur-Ur-Großvater
(Vater von 18,
Ur-Ur-Großvater von 2)

Nr. 37: Ur-Ur-Ur-Großmutter
(Mutter von 18,
Ur-Ur-Großmutter von 2)

Nr. 38: Ur-Ur-Ur-Großvater
(Vater von 19,
Ur-Ur-Großvater von 2)

Nr. 39: Ur-Ur-Ur-Großmutter
(Mutter von 19,
Ur-Ur-Großmutter von 2)

Nr. 40: Ur-Ur-Ur-Großvater
(Vater von 20,
Ur-Ur-Großvater von 2)

Nr. 41: Ur-Ur-Ur-Großmutter
(Mutter von 20,
Ur-Ur-Großmutter von 2)

Nr. 42: Ur-Ur-Ur-Großvater
(Vater von 21,
Ur-Ur-Großvater von 2)

Nr. 43: Ur-Ur-Ur-Großmutter
(Mutter von 21,
Ur-Ur-Großmutter von 2)

Nr. 44: Ur-Ur-Ur-Großvater
(Vater von 22,
Ur-Ur-Großvater von 2)

Nr. 45: Ur-Ur-Ur-Großmutter
(Mutter von 22,
Ur-Ur-Großmutter von 2)

Nr. 46: Ur-Ur-Ur-Großvater
(Vater von 23,
Ur-Ur-Großvater von 2

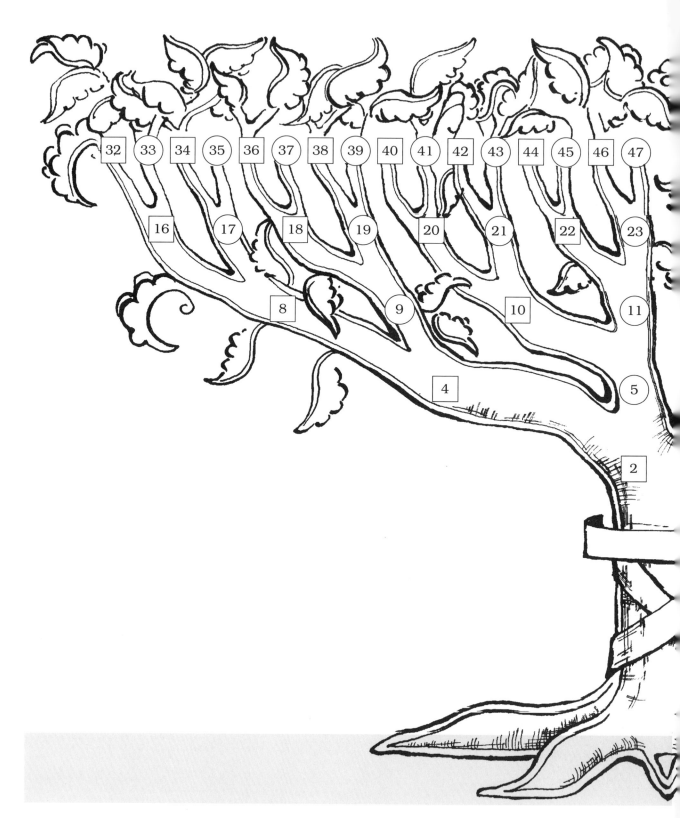

66

67

Nr. 47: Ur-Ur-Ur-Großmutter
(Mutter von 23,
Ur-Ur-Großmutter von 2)

Mutterlinie:

Nr. 48: Ur-Ur-Ur-Großvater
(Vater von 24,
Ur-Ur-Großvater von 3)

Nr. 49: Ur-Ur-Ur-Großmutter
(Mutter von 24,
Ur-Ur-Großmutter von 3)

Nr. 50: Ur-Ur-Ur-Großvater
(Vater von 25,
Ur-Ur-Großvater von 3)

Nr. 51: Ur-Ur-Ur-Großmutter
(Mutter von 25,
Ur-Ur-Großmutter von 3)

Nr. 52: Ur-Ur-Ur-Großvater
(Vater von 26,
Ur-Ur-Großvater von 3)

Nr. 53: Ur-Ur-Ur-Großmutter
(Mutter von 26,
Ur-Ur-Großmutter von 3)

Nr. 54: Ur-Ur-Ur-Großvater
(Vater von 27,
Ur-Ur-Großvater von 3)

Nr. 55: Ur-Ur-Ur-Großmutter
(Mutter von 27,
Ur-Ur-Großmutter von 3)

Nr. 56: Ur-Ur-Ur-Großvater
(Vater von 28,
Ur-Ur-Großvater von 3)

Nr. 57: Ur-Ur-Ur-Großmuttr
(Mutter von 28,
Ur-Ur-Großmutter von 3)

Nr. 58: Ur-Ur-Ur-Großvater
(Vater von 29,
Ur-Ur-Großvater von 3)

Nr. 59: Ur-Ur-Ur-Großmutter
(Mutter von 29,
Ur-Ur-Großmutter von 3)

Nr. 60: Ur-Ur-Ur-Großvater
(Vater von 30,
Ur-Ur-Großvater von 3)

Nr. 61: Ur-Ur-Ur-Großmutter
(Mutter von 30,
Ur-Ur-Großmutter von 3)

Nr. 62: Ur-Ur-Ur-Großvater
(Vater von 31,
Ur-Ur-Großvater von 3)

Nr. 63: Ur-Ur-Ur-Großmutter
(Mutter von 31,
Ur-Ur-Großmutter von 3)

---
7. Generation:

Ur-Ur-Ur-Ur-Großeltern
(Eltern der Ur-Ur-Ur-Großeltern)
Nr. 64 - 127 usw.

Üblicherweise und vernünftigerweise wird man sich darauf konzentrieren und beschränken, bis zur 4. Generation zurückzugehen, also die Dokumentationen bis hinauf zur Ahnennummer 31 zu erstellen. Was darüber hinausgeht, wird, wie gesagt, immer schwieriger, zeitraubender und auch kostenaufwendiger, weil ja jedes einzelne Dokument auch bezahlt werden muß, dazu kommt der Schriftverkehr mit den Standes- und Kirchenämtern und evtl. sogar Reisen dorthin. Wer also ab der 5. Generation rückwärts auch noch die Ur-Ur-Ur-Großeltern oder noch weiter zurück selbst die 6. oder noch frühere Generationen in Angriff nehmen will, ist dann wirklich bereits ein halbprofessioneller Genealoge.

Vermutlich ist es ergiebiger und auch befriedigender, die gegenwärtigen Generationen 0, 1 und 2 ausführlich zu dokumentieren, nicht nur mit den amtlichen Urkunden über die Personalien, sondern auch mit Bildern, Fotos, Erlebnisberichten, Lebensläufen. Man kann zusätzlich von jedem Familienmitglied ernsthafte Individualhoroskope erstellen lassen und gesondert in einer Mappe aufbewahren, für die Kinder Zeitungen vom Tag ihrer Geburt beschaffen oder aufheben, dazu Schul- und später Berufszeugnisse usw., ganz nach persönlicher Neigung und Vorliebe und nach den individuellen Interessen.

Für Interessenten an ernsthafter Genealogie folgen hier noch einige Anmerkungen, Erläuterungen und Ratschläge allgemeiner Art nach den Grundsätzen der einschlägigen Fachliteratur.

Befreit von weltanschaulichem Ballast, wie er einst in der "völkischen Ideologie" sehr mit der Ahnenforschung verbunden war, kann die Genealogie ein überaus spannendes Abenteuer sein. Die völkisch motivierte Ahnenforschung verband diese mit Wertungen; nicht nur, was die schon rein sachlich völlig sinnlose und unsinnige Unterscheidung nach "Ariern" und "Nichtariern" anging, sondern auch nach "Fremdem" schlechthin. Wer nur einigermaßen in europäischer Geschichte Bescheid weiß und nicht selektiv verdrängt, was ihm nicht in den Kram paßt, weiß, daß es in ganz Europa keine "reinrassigen" Völker gibt und nie gegeben hat, sondern daß, ganz besonders bei uns in Deutschland in der Mitte des Kontinents, das also immer schon Durchzugs- und Begegnungsland war, jederlei Rassenideologie, die über weiß-europäisch hinausgeht, die reine Fiktion ist. Im übrigen sind mit dem Ahnenstamm verbundene Qualitäts-Wertungen auch deshalb der reine Mumpitz, weil schließlich niemand, der heute lebt, dafür "verantwortlich" sein und "etwas dafür" kann, wenn unter seinen Ahnen einmal ein "Fremder" war oder ein sonst zu Zeiten Diskriminierter. Zumal es mit der Mischung schon sehr früh begann. Man weiß beispielsweise, daß bereits zur Römer- und Völkerwanderungszeit in den Regionen, in denen es damals "Besatzung" gab, auch "Bluteinmischungen" von dorther nicht selten waren. Und in allen anderen Landstrichen ist es ähnlich. Falls also jemand wirklich Werturteile mit solchen Dingen verbinden möchte – also von weltanschaulichen Scheuklappen daran gehindert wird, Tatsachen zur Kenntnis zu nehmen –, ist ihm zu raten, sich mit Genealogie gleich von Beginn an gar nicht erst zu befassen; er könnte sozusagen bei sich selbst entdecken, was er für "dunkle Flecken" hat. (Damals, zur Zeit der erforderlichen "Arier-Nachweise" erging es manchem vermeintlichen "Reingermanen" so.) Nein, dergleichen kann nicht der Sinn von Ahnenforschung sein. Ahnenforschung, recht verstanden, ist ein zuweilen faszinierendes Teilgebiet der Geschichte. Eine der erfrischendsten, erheiterndsten und auch interessantesten Berichte über seine eigene Ahnenforschung hat nach dem Krieg Ernst v. Salomon in seinem berühmten Buch "Der Fragebogen" geliefert. Ein gegenteiliges Beispiel ist das folgende aus einem Buch aus den 30er Jahren über Genealogie. Die Gedanken und Ausführungen darin sind allerdings nicht erst Nazi-Denkgut gewesen, sondern aus der "völkischen" Schule eines schon 1837 gegründeten Verlags für "Sippenforschung und Wappenkunde": "...Da der Deutsche sich gern vor dem Fremden verneigt, gelten zum Beispiel Fremdehen und Fernwanderungen als seltsam und vornehm, und die Einwanderung aus den Niederlanden oder dem Salzkammergut wird im Mittelstand fast ebenso häufig behauptet wie der ursprünglich adelige und nur aus Armut vereinfachte Name. Selbst so kritische Köpfe wie Nietzsche und Treitschke haben ihr Leben lang am Trugbild von Herkunfts- und Wanderungssagen gehangen, die von der Wunschphantasie vieler Generationen so leicht erfunden und geglaubt werden und dann so schwer zu zerstören sind, weil sie lieblich klingen. Allen Berichten der mündlichen Tradition, und besonders den glanzvollen, wird also der Ahnenforscher mit einem höflich verborgenen Mißtrauen begegnen ..."

Also, derlei Gewaber kann man heute vergessen. Wenn es nur um nicht so rein zu wertende Zuwanderungen aus den Niederlanden und dem Salzkammergut ginge, könnten wir sowieso nur noch lächeln. Diese Sorgen möchten wir haben...

Nein, noch einmal, Ahnenforschung ist keine Sache für Werturteile, sondern einfach und simpel eine Tatsachenfeststellung, die so wie Geschichte schlechthin aus Ereignissen besteht, deren Kenntnis das allgemeine und eigene Weltbild festigt und erweitert und verständlich macht, aber nicht dazu taugt, nachträglich zu biegen und zu drehen, zu ändern und neu zu bewerten, was längst "in die Ewigkeit der Vergangenheit" eingegangen ist. Auch dazu gibt es eine sehr schöne Stelle bei Zuckmayer in "Des Teufels General", wo eben dieser dem jungen Offizier, der einen Makel in seiner Arier-Abstammung entdeckt hat und deshalb seine Karriere ruiniert sieht, erklärt:

"...Ja, schrecklich was, diese verpantschten rheinischen Familien? Stellen Sie sich doch bloß mal Ihre womögliche Ahnenreihe vor. Da war ein römischer Feldherr. Schwarzer Kerl. Der hat einem blonden Mädchen Latein beigebracht. Dann kam ein jüdischer Gewürzhändler in die Familie, das war ein ernster Mensch, der war schon vor der Heirat Christ geworden und hat die katholische Familientradition begründet. Dann kam ein griechischer Arzt dazu, ein keltischer Legionär, ein graubündner Landsknecht, ein schwedischer Reiter und ein französischer Schauspieler, ein böhmischer Musikant ... und das alles, mein Lieber, hat am Rhein gelebt, gerauft, gesoffen, gesungen, und Kinder gezeugt. Und der Goethe, der kam aus demselben Topf, und der Beethoven, und der Gutenberg, und der Matthias Grünewald, und so weiter, und so weiter ... Das waren die Besten, mein Lieber. Vom Rhein sein, das heißt: vom Abendland sein: Das ist natürlicher Adel. Das ist 'Rasse'..."

Nun gibt es einen gewissen Unterschied zwischen der professionellen und halbprofessionellen wissenschaftlichen Genealogie und der privaten Vorfahrenforschung. Die professionelle Genealogie fängt im wesentlichen da erst an, wo der Familien-Amateur aufhört; sie befaßt sich mit bedeutenden Leuten und Geschlechtern und forscht weit zurück bis ins Mittelalter und noch ferner. Dazu benötigt sie ein umfangreiches Voraus- und Grundwissen als Handwerkszeug: Sprach- und Schriftenkenntnisse, Literaturbeschaffungs- und -auswertungswissen, umfangreiche historische und wappenkundliche Kenntnisse. Ein klein wenig von alledem kann allerdings auch dem Amateur helfen, wenn er jedenfalls ein wenig Ehrgeiz entwickeln möchte. Ansonsten aber ist für den Familien-

Ahnenforscher vor allem zu wissen wichtig, wie man an die Urkunden kommt, die man immerhin benötigt.

Da sind zunächst die mündlichen Berichte und Überlieferungen in der Familie. Die letzten zwei, drei, vier Generationen kann man heute meistens schon über die ordentlichen Standesämter dokumentieren. Man schreibt sie an und verlangt Ausfertigungen der Geburts- und Sterbeurkunden der Vorfahren, nach denen man sucht. Die zweite Möglichkeit, vor allem vor der Jahrhundertwende und weiter zurück, sind dann in der Regel die Kirchenbücher, in denen damals alle Geburten und Sterbefälle registriert wurden, ehe es das allgemeine staatliche Standesamtswesen gab. Diese Kirchenbücher werden in den Pfarrämtern aufbewahrt. In kleineren Orten gibt es da kaum Probleme, in größeren muß man evt. zusätzliche Nachforschungen anstellen, zu welchem Sprengel der Gesuchte gehörte. Nicht immer geht die Ausfertigung von Urkunden aus den Kirchenbüchern über die Pfarrämter reibungslos und glatt, und schnell sowieso kaum je. Es kann zweckmäßig sein, sich selbst an den Ort zu begeben, um in den alten Büchern die gesuchten Einträge zu finden. Aber in aller Regel wird das nur nach Anmeldung möglich sein, wenn es überhaupt erwünscht ist. Es ist nicht selten längeres Suchen erforderlich, falls keine exakten Geburts- oder Sterbedaten bekannt sind oder auch Leseschwierigkeiten bestehen usw. Die Schreibweise des Familiennamens kann über mehrere Generationen variieren, das verlangt zuweilen ein wenig Kombinieren und Gegenprüfung.

Die Seiten 73 und 74 geben zwei Beispiele dafür, daß es allerlei Schwierigkeiten bei den Nachforschungen geben kann, und daß man zuweilen auch amtlichen Urkunden mißtrauen muß, weil sich auch in ihnen sehr wohl Fehler finden können. Der Brief auf S. 73 ist ein Dokument dafür, wie entweder die Unterlagen oder aber die Geduld eines Pfarramts erschöpft sein können. Die Urkunde auf S. 74 gibt ein Beispiel einer fehlerhaften Urkunde, wobei freilich kriegsbedingte Umstände mitverantwortlich sind. Die Sterbeurkunde gibt als Todesort "Stuttgart, Luftwaffenortslazarett" an, und als Geburtsort des seinen Verwundungen Erlegenen "Stuttgart-Cannstadt"; daß diese Ortsbezeichnung korrekt Stuttgart-Bad Cannstatt heißen müßte, mag zweitrangig sein. Es ist aber als Beispiel nicht ungeeignet. Diese fehlerhafte offizielle Urkunde stammt aus dem Jahre 1946, das man immerhin der wohlgeordneten modernen Zeit zurechnet, einmal außer acht gelassen, daß es ein chaotisches erstes Nachkriegsjahr war. Um so weniger darf man sich angesichts dieses Beispiels wundern, daß in früheren Zeiten die Schreibweisen von Orts-, Familien- und Vornamen innerhalb einer Familie und Generation oft stark differierten, was für einen heutigen Vorfahrenermittler zuweilen durchaus knifflig werden kann (wie der Brief auf S. 73 ebenfalls dokumentiert). Gravierender ist da schon die Sterbeortsangabe. Der Sterbeort war tatsächlich Bühl-Kappelwindeck in Baden. Dort befindet sich auch auf dem Soldatenfriedhof das betreffende Grab. Das ist aber tatsächlich nur aus direkter persönlicher Kenntnis oder Überlieferung feststellbar und zu wissen möglich, nicht durch amtliche Dokumente und Urkunden; allenfalls in der Gemeinde Bühl.

Steinbach den

Sehr geehrte Frau   !

        Zu meinem Bedauern kann ich Ihre Bitte nicht erfüllen. Ich habe Ihnen das letzemal den Joseph Schmid geb.15.Juli 1794 als Sohn der Hüterseheleute Gottlieb und Maria Anna Schmid herausgeschrieben. Weiteres ist nicht an= gegeben. Also kann ich auch nicht weiter nachfor= schen. Ich zweifle überhaupt ob der genannte Joseph Schmid für Sie in Frage kommt, da jede Verbindung mit Ihren Verwandten auf H.Nr.29 fehlt. Ich wollte Ihnen helfen so gut es geht aber es ist nichts mehr zu finden.
      Mit besten Grüssen
        ergebenst
      Katholisches Pfarramt Steinbach :

[Unterschrift]

Sterbeurkunde

(Standesamt_____   Nr. 165/1946   )

Der Wachtmeister, Arno Helmut Walter   ----
------------------------------ katholisch. ---

wohnhaft in

ist am 12. Januar 1945 ---- um unbek. Uhr unbek. Minuten
in S t u t t g a r t , Luftwaffenortslazarett seinen Ver-
                                    wundungen erlegen.

Der Verstorbene war geboren   am 24. Juli 1917 -------
in S t u t t g a r t - C a n n s t a d t --------

Der Verstorbene war — ~~nicht~~ — verheiratet mit Rita Katharina
geborene ____, wohnhaft in

,den 2. Juli 1946.

Der Standesbeamte

In Vertretung:

Aber wenn einem diese nicht als Ort des Grabes bekannt wäre, bliebe alle Suche vergeblich. Weil das dortige provisorische Feldlazarett nämlich (in dessen Nähe war im Januar 1945 bereits Kampfgebiet) organisatorisch und verwaltungsmäßig eine Außenstelle des Luftwaffenortslazaretts Stuttgart war, wurde in der offiziellen Sterbeurkunde Stuttgart zum Sterbeort – formell bedingt richtig, tatsächlich ganz eindeutig falsch. Eine weitere leicht irreführende Angabe für einen späteren Ahnenforscher könnte das "Luftwaffen"-Standortlazarett sein. Der Vorfahrenforscher würde vielleicht daraus schließen, er könne aus den Unterlagen der einstigen Luftwaffe weiteres erfahren, oder, der Gefallene sei bei der Luftwaffe gewesen. Keineswegs. Der Gefallene war Artillerist beim Heer. (Und im übrigen war er auch nicht Wachtmeister, sondern schon seit längerer Zeit Hauptwachtmeister, also zwei Dienstgrade höher; eine weitere dokumentarische Ungenauigkeit dieser Urkunde.) Eine andere Sache ist, daß offizielle Sterbeurkunden sich natürlich nicht über Einzelheiten des Todes auslassen; dies ist auch nicht ihre Aufgabe. Für den Familienforscher hingegen sehr wohl von Bedeutung und unbedingt wert, in einer Familienchronik als "Überlieferung" bzw. "Familienwissen" oder "Zusatzinformation" festgehalten zu werden, mögen die Umstände sein, unter denen dieser 28jährige Soldat in den letzten Monaten des 2.Weltkriegs ums Leben kam. Nicht immer sind sie zu erfahren, nicht immer werden sie überhaupt bekannt, nicht immer entsprechen sie den Tatsachen, sondern allenfalls den oft "gnädigen" Berichten des jeweiligen vorgesetzten Offiziers, der die berüchtigte "traurige Pflicht" hatte, die Angehörigen zu informieren. Für diese Art Briefe wurde damals die Formel "Kopfschußbrief" von makabrer Üblichkeit: "Ihr Sohn/Ehemann/Vater bekam einen Kopfschuß, er war sofort tot und mußte nicht leiden." Im vorliegenden Fall war ein solcher "Kopfschußbrief" aus einer Reihe von Umständen nicht möglich und wurde auch nicht geschrieben. Tatsächlich starb der "Wachtmeister" Arno Helmut Walter X auf sehr schlimme und grausame (aber bekannte und überlieferte) Weise. Er war VB (Vorgeschobener Beobachter) seiner Artillerie-Einheit auf einem Kirchturm, in den am 9. Januar 1945 ein Volltreffer fiel. Der VB wurde zwar herausgezerrt und ins Lazarett gebracht, aber dort mußten ihm zuerst beide Arme und anschließend beide Beine amputiert werden, die zusätzlichen Verletzungen nicht gerechnet. "Der VB war nur noch eine entstellte Masse blutigen Fleisches." Nach drei Tagen fürchterlichen Leidens, gemildert nur durch Morphiumspritzen, starb er. Er hinterließ einen Sohn, der zum Zeitpunkt seines Todes 7 Monate alt war. Aus einer Reihe von Gründen ist diesem Sohn, der heute fast 50 Jahre alt ist (oder sein müßte; es ist nicht bekannt, ob er noch am Leben ist und wo er sich aufhält), diese Todesgeschichte seines Vaters bis heute unbekannt. Eine einzige Person ist derzeit noch am Leben, die sie kennt. Da diese Person jedoch keine Möglichkeit hat, sie dem Sohn des (Haupt-)Wachtmeisters mitzuteilen, wird sie mit ihr, wie man so sagt, ins Grab sinken; es sei denn, sie schriebe sie auf, um sie dem Sohn einst zu vererben oder sie sonstwie zu dokumentieren. Ein Beispiel, wie gesagt, dafür, daß es sowohl informativ wie von dokumentarischem Wert sein kann, auch Privatwissen aus der Familiengeschichte in einer Familienchronik über offizielle Dokumente hinaus

75

festzuhalten und zu archivieren. (Eine andere Frage ist allenfalls die, ob eine Familie es nicht doch lieber vorzieht, Details der geschilderten Art über einen gewaltsamen Tod eines Familienmitglieds nicht wirklich so genau festhalten zu wollen. Doch auch dies wird zweifellos anders bewertet, wenn es sich um eine frühere statt um die gegenwärtige Generation handelt. Es ist indessen, so oder so, "Ansichtssache", wie man es damit hält; "Geschmackssache" zu sagen, verbietet sich hier eigentlich.)

FAMILIENWAPPEN

Es bleibt noch das Thema Familienwappen. Es ist in jüngerer Zeit "aktuell" geworden, wenn man nicht "modisch" sagen möchte. Jedenfalls gibt es einige Institutionen bzw. Firmen, die sich damit befassen und durch Werbung auf sich aufmerksam machen und Interesse dafür wecken, daß Familien sich Wappen zulegen – etwas, was einst als Vorrecht und Statussymbol adeliger Familien galt. Obwohl dies so gar nicht stimmt: es gibt kein Hindernis, daß sich noch heute jede beliebige Familie ein Wappen zulegt. Das nachfolgende Interview mit dem Geschäftsführer einer "Gesellschaft für Familienwappen", in der "genealogisches Interesse" für legitim und positiv erklärt wird, gibt dazu einige Informationen. (Die erwähnte Gesellschaft erarbeitet auf Auftrag jeder Familie ein nach ihrem Namen, ihrem Wohnort, ihrer Vergangenheit etc. gemäßes Wappen, natürlich gegen Bezahlung. Sie ist nicht die einzige auf dem Markt; schon deswegen, also aus Konkurrenz-Gleichheit, und weil es sich um keine offizielle, amtliche, sondern eine privatwirtschaftliche Institution handelt, wird ihr Name hier nicht erwähnt; in unserem Zusammenhang sind nur die Fakten von Interesse. Leser, die sich konkret interessieren, müssen auf einschlägige Publikationen bzw. Werbeanzeigen in Zeitungen und Zeitschriften oder auf die unten im Interview genannten Museen und Gesellschaften verwiesen werden.)

Frage: Wenn jemand Sie fragt: "Soll ich mir ein Familienwappen zulegen?" bzw. "Warum soll ich es?", was antworten Sie dann?

Antwort: Ein überliefertes Familienwappen ist ein individuelles, unveräusserliches Kennzeichen, das die Geschichte vieler Generationen in sich trägt. Obwohl Bürgerfamilien seit über 600 Jahren Wappen führen, hat nicht jeder von uns eines ererbt. Dafür gibt es vielfältige Gründe. Oft ist ein Wappen auch im Laufe der Jahrhunderte verloren gegangen. Wer heute ein Wappen annimmt, tut dies aus dem gleichen Grund wie seine Vorfahren: Er will das Ansehen seiner Familie für die künftige Generation festigen.

Frage: Sie sind Geschäftsführer einer Gesellschaft für Familienwappen und -chroniken. Wie viele Wappen und Chroniken gibt es überhaupt schon? Oder müßte es heißen: noch? Mit anderen Worten; wie ist der Stand der Dinge, verglichen mit früheren Zeiten?

Antwort: Es gibt schätzungsweise vier Millionen überlieferte Familienwappen in aller Welt. Viele haben jedoch keinen Träger mehr. Die Familien sind ausgestorben. Im deutschsprachigen Raum sind heute etwa eine Million Familien im Besitz eines Wappens. Bedeutende Familien haben seit jeher Wert auf eine Chronik gelegt. Daran hat sich bis heute nichts geändert.

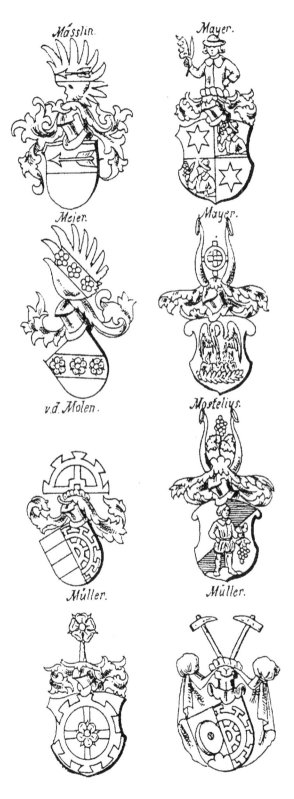

Frage: Ihre Gesellschaft ist auch Mitglied des Deutschen Museums für Familienwappen und der Deutschen Heraldischen Gesellschaft*). Welche Funktionen haben diese Institutionen und steht die Ihrige im Vergleich dazu?

Antwort: Zahlreiche private Gesellschaften und Vereine widmen sich der Heraldik. Sie geben ihren Mitgliedern und anderen Interessierten Rat und Hilfe. Die beiden von Ihnen genannten Vereine gehören dazu. Wir fördern das durch unsere Mitgliedschaft. Wir sind darüber hinaus aber in der Lage, umfangreiche Dienstleistungen anzubieten. Ein erfahrener Stab wissenschaftlicher Mitarbeiter bürgt dabei für Zuverlässigkeit.

Frage: Wenn wir Sie recht verstehen, wollen Sie den Gedanken der Familienchronik beleben, und Sie betätigen sich gleichzeitig als Vermittler, Berater und Entwerfer von Wappen? Sie bieten also einen Service an, der auf die Popularisierung von Wappen hinausläuft? Derlei war früher doch Adelsprivileg? Ein Bürgerlicher, ein Arbeiter, ein Bauer wäre doch nie auf eine solche Idee gekommen? Wirkt das nicht heute noch nach, oder ist das heute grundsätzlich anders?

Antwort: Da muß ich Sie leider korrigieren. Richtig ist, daß das Wappen von Rittern einst "erfunden" wurde, Rittern, die zum Teil dem Adel angehörten oder später zu ihm aufstiegen. Erst danach nahmen Hochadel, Fürsten und Könige ebenfalls Wappen an. Nur wenig später begannen aber auch Bürger und Bauern Wappen zu führen. Wappenführung ist seit 600 Jahren für einen Bürger so natürlich und legitim wie für einen König.

Frage: Eine Familienchronik (eine sehr ausführliche jedenfalls, die über das "Normalmaß", nämlich zwei, drei, vier Generationen rückwärts, hinausgeht)

*) Herold, Verein f. Heraldik, Genealogie und verwandte Wissenschaften, Archivstr. 12-14, 1000 Berlin 33

oder gar ein Wappen sind ja nun sicherlich nichts gerade Billiges, sollte man meinen. Worauf müßte sich ein Familienvater da wohl einstellen, wenn er sich das überlegte?

Antwort: Sie haben recht: Wissenschaftliche Forschung – und ohne diese kommen Sie nicht zum Wappen – ist teuer. Wir versuchen, ohne staatliche Zuwendungen auszukommen, um individuelle Dienstleistungen erbringen zu können. Die Honorare sind dabei von Fall zu Fall verschieden. Sie liegen jedoch deutlich unter dem Monatsgehalt eines Professors.

Frage: Wir haben vorhin den Terminus "Familienvater" gebraucht. Wie verhält es sich denn mit den Konsequenzen der Gleichberechtigung? Gibt es – gäbe es – da nicht heillose Verwirrung, wenn eine "Familienmutter", die einer Familie, gleich, ob verheiratet oder nicht, ihren Mädchennamen gab, nun ein Wappen möchte?

Antwort: Nein. Das Wappenrecht orientiert sich am Namensrecht. Ein Kind aus einer Familie, die nach neuem Recht den Mutternamen führt, führt rechtmäßig das Wappen des Mutter-Namens, gleich, ob diese das Wappen selbst angenommen hat oder von ihrem Vater geerbt hat. Dies gilt auch für unverheiratete Mütter.

Frage: Wie groß ist überhaupt das Interesse und Bedürfnis, also die "Nachfrage" im Lande an Ihrem Angebot? Familien- und Ahnenforschung waren ja aus bekannten Gründen lange nicht mehr "in", wie man modisch sagen würde.

Antwort: Von dem Mißbrauch damals blieb zum Glück nichts hängen. Im Gegenteil, die damaligen "Ahnenpässe" sind heute Grundlage vieler Familienarchive und haben oft Daten gerettet, die

sonst durch Kriegsereignisse verloren wären. Und für Wappen interessieren sich mehr Leute denn je.

Frage: Eben durch Krieg und seine Folgen – auch früher schon – ergeben sich doch gerade bei uns dabei erhebliche Dokumentationsprobleme, oder?

Antwort: Sie haben auch da leider recht. Der letzte Krieg besonders (wie auch mancher zuvor schon!) hat vieles verschüttet, vieles ging verloren. Zum Glück wurde aber auch vieles gerettet, teilweise auf Filmen, die schon vor dem Krieg angefertigt wurden; mehr übrigens, als man meinen möchte.

Frage: Wie sinnvoll ist das alles überhaupt, wie zeitgemäß? Welche Bevölkerungsgruppe ist Ihr wesentlicher Kunde?

Antwort: Zeitgemäß ist das ganz sicher, denn es hat nie seine Bedeutung verloren. Schon immer haben sich zivilisierte Völker für ihre Geschichte interessiert. Die Kenntnis der Familiengeschichte ist ein Merkmal kultivierter Familien, das ihre Stellung in der Gesellschaft signalisiert oder ansonsten eben ihre Herkunft dokumentiert, die nach Berufen, Orten, Heiraten aufschlußreich, zumindest interessant sein kann.

Frage: Wie kann man von einem Wappen Gebrauch machen?

Antwort: Wenn Sie vor, sagen wir, 400 Jahren durch die Straßen und Häuser gegangen wären, hätten Sie buchstäblich an jeder Ecke ein Wappen sehen können. Man versteckte sein Zeichen nicht, es war selbstverständlich. Zeitweise war man dann etwas zurückhaltender, doch dies hat sich gelegt. Zum Namen gehört das Wappen. Sie finden es deshalb vor allem auf Briefbögen und Visitenkarten oder eben in der privaten Familienchronik, wo es eine Chiffre für den Namen und die Herkunft der jeweiligen Familie darstellt; eine Kurzinformation, wenn Sie so wollen. Das Wappen ersetzt den Namen aber auch. Sie können es deshalb, wo Sie wollen, mit seinem unverwechselbaren Bild für sich "reden" lassen.

DAS WELT-NAMENSBUCH

Ein fast amüsanter Zufall wollte es, daß eben an dieser Stelle der Beendigung der Arbeit an diesem Buch den Autoren ein völlig unerwarteter "Welt-Brief" aus Amerika ins Haus flatterte, in dem ihnen ein Welt-Buch ihres Familiennamens angeboten wurde:

Sehr geehrte Familie ....,
ich habe... an einem Projekt gearbeitet, das sich mit unserem Familiennamen befaßt. Nach vielen Jahren intensiver Nachforschungen sind wir nun soweit, daß wir ein Buch mit dem Titel "Das ....-Familen Weltbuch" herausgeben können. Sie sind in diesem Buch aufgeführt. Aus diesem Grund möchten wir Ihnen einige Informationen über das ...-Familien Weltbuch geben, die Sie bestimmt interessieren.

Ein hochqualifiziertes Computersystem hat es uns möglich gemacht, über 150 Millionen Unterlagen in Deutschland, Österreich, England, Schottland, Wales, Nordirland, Kanada, Neuseeland, Australien und den USA wissenschaftlich zu bearbeiten. Wir haben ein ausführliches Register von Familien, die den Nachnamen ... tragen, weltweit zusammengestellt. Das internationale Register der Familie ... 1991 ist ein besonderer Teil dieses Buches.

Zusätzlich zu dem internationalen Familienregister der Familie ... 1991 enthält dieses Buch Informationen über die europäische Emigration in die "Neue Welt", den Ursprung und die Bedeutung des Familiennamens, Heraldik und Ahnenforschung. Weitere interessante Aufzeichnungen sind:

1. Wie die Familie ... ihren Namen erhielt und was er ursprünglich bedeutete.
2. Warum in früheren Zeiten Menschen auswanderten, und die Geschichte ihrer abenteuerlichen Reisen.
3. Wie Sie das internationale Familienregister der ....'s zu Hilfe nehmen können, um Ihren Familienstammbaum aufzuspüren. Wie es Ihnen bei der Suche nach vergessenen Familienmitgliedern hilft.
4. Neubearbeitete statistische Informationen über die ...-Familien in Deutschland, Österreich, Großbritannien, Nordirland, Irland, Neuseeland, Australien, Kanada

*und den Vereinigten Staaten von Amerika
5. Eine Wappenschilderung zum Namen ...
Dieses mittelalterliche Wappen ist in unserer heutigen Sprache erklärt und übersetzt. Es ist von einem Heraldikkünstler illustriert.
All diese wertvollen Informationen sind im "... Familien Weltbuch" enthalten.
Meines Wissens ist dieses internationale Familienregister der ....'s das einzige, das heutzutage weltweit existiert. Wäre es nicht schön, dieses Buch für sich selbst oder eines Ihrer Kinder zu besitzen? Dieser Erstdruck kann Ihnen wichtige Hinweise zu Ihrer Ahnenforschung geben ...*

Der Absender war, zusammen mit noch einem anderen, ein Träger des besagten Namens. Versteht sich. Vermutlich haben die Familien tausend anderer Namen diesen Brief ebenfalls erhalten, oder bekommen ihn demnächst oder irgendwann noch; denn dabei handelte sich offensichtlich um eines jener internationalen Groß-Verlagsprojekte nach der Art der "Who is Who", die sich im wesentlichen allein dadurch finanzieren, daß sie von den darin Erwähnten gekauft werden. Gleichwohl, ein solches Angebot ist nicht uninteressant und paßt sehr gut zu all dem, was hier über Familienforschung und -chronik gesagt worden ist. Ein Buch über die – darauf läuft es hinaus (auch wenn beispielsweise die Schweiz in der Aufzählung oben nicht auftaucht) – nationale und sogar weltweite Verbreitung des eigenen Familiennamens (die man sonst bestenfalls örtlich durch Nachschlagen im Telefonbuch einigermaßen erahnen kann) hat unter diesem Aspekt durchaus seinen Reiz.

PERSÖNLICHES STAMMBUCH MIT AHNENTAFELN

Empfehlenswert ist es, die endgültigen Einträge hier im Buch erst zu machen, wenn alles klar ist. Vorher allenfalls mit Bleistift eintragen!
Die Anfertigung von Musterkopien (am besten Fotokopien) ist sicher nützlich. Man irrt sich schon einmal, oder kommt durcheinander oder dies und jenes ist nicht klar. Erst wenn alles klar ist für die "Reinschrift", trägt man es säuberlich und gut lesbar ein. Da man zu jedem einzelnen Vorfahren Urkunden beschaffen mußte, ist es nicht nur empfehlenswert, sondern geradezu unerläßlich, sie in einem eigenen Umschlag oder am besten im einem Schnellhefter zu sammeln.

Auf jeder Urkunde vermerkt man die Ordnungszahl des Vorfahren, zu dem sie gehört, und logischerweise ordnet man sie auch in aufsteigender Reihenfolge ein. Sollen sonstige Dokumente (Fotos, Zeitungen, alte Geburtsurkunden, Heiratsurkunden, Sterbeurkunden etc.) die Familienchronik ergänzen, so ist dafür am besten eine eigene Mappe, ein Karton oder eine Schatulle geeignet.
Andernfalls kommt rasch ein heilloses Durcheinander zustande. Auch dort gilt natürlich, daß die Einträge besser zuerst entworfen und ins Unreine geschrieben werden sollten, ehe man sie als "Endfassung" ins Buch schreibt.

ENKELKINDER/GROSSNEFFEN/-NICHTEN   KINDER/NEFFEN/NICHTEN

ENKELKINDER DER GESCHWISTER

KINDER DER GESCHWISTER

ENKELKINDER DER GESCHWISTER

KINDER DER GESCHWISTER

ENKELKINDER

KINDER

ENKELKINDER DER GESCHWISTER

KINDER DER GESCHWISTER

ENKELKINDER DER GESCHWISTER

KINDER DER GESCHWISTER

MEINE FAMILIE

GESCHWISTER | ELTERN | TANTEN/ONKEL

GESCHWISTER

EHEPARTNER

GESCHWISTER

EHEPARTNER

GESCHWISTER DES VATERS

② VATER

AUSGANGSPERSON

EHEPARTNER

③ MUTTER

GESCHWISTER

EHEPARTNER

GESCHWISTER

EHEPARTNER

GESCHWISTER DER MUTTER

AHNEN VÄTERLICHERSEITS

VATER ELTERN DES VATERS GROSSELTERN DES VAT

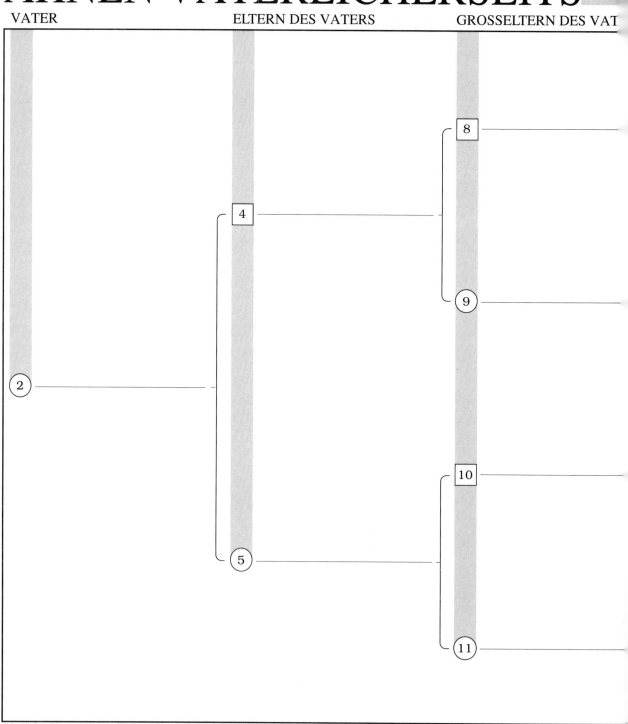

84

UR-GROSSELTERNDES VATERS UR-UR-GROSSELTERN DES VATERS

85

AHNEN MÜTTERLICHERSEITS

MUTTER ELTERN DER MUTTER GROSSELTERN DER MUT

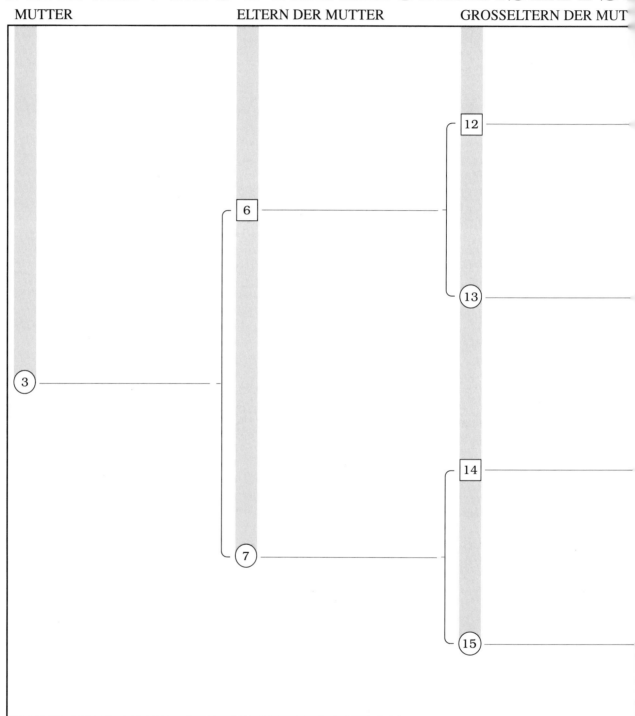

UR-GROSSELTERN DER MUTTER   UR-UR-GROSSELTERN DER MUTTER

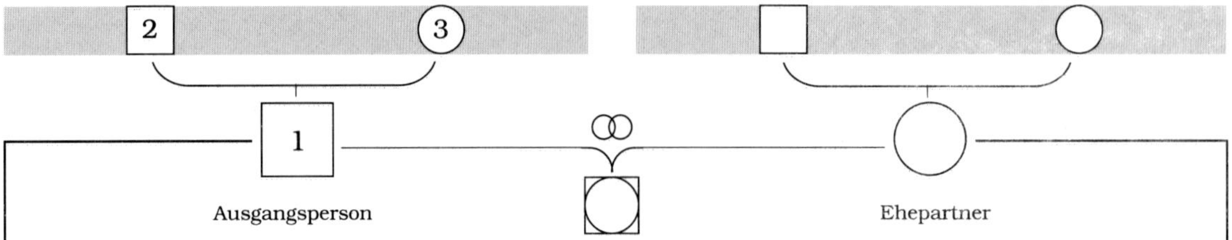

| 2 | 3 | | □ | ○ |

Ausgangsperson   ⚭   Ehepartner

Familienname	Familienname
Vornamen	Vornamen
geboren am — in	geboren am — in
getauft am — in	getauft am — in
Bekenntnis	Bekenntnis
beurkundet bei Standes/Pfarramt	beurkundet bei Standes/Pfarramt
als Sohn des	als Tochter des
als Sohn der	als Tochter der
Beruf	Beruf
gestorben am — in	gestorben am — in
beerdigt am — in	beerdigt am — in

Heirat am/in

Beurkundet bei Standes-/Pfarramt

gemeinsame Kinder

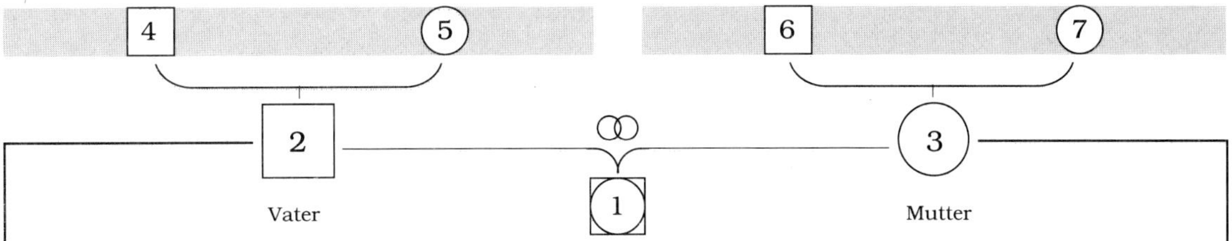

| 4 | 5 | 6 | 7 |

| 2 | ⚭ | 3 |
| Vater | (1) | Mutter |

Familienname	Familienname
Vornamen	Vornamen
geboren am in	geboren am in
getauft am in	getauft am in
Bekenntnis	Bekenntnis
beurkundet bei Standes/Pfarramt	beurkundet bei Standes/Pfarramt
als Sohn des	als Tochter des
als Sohn der	als Tochter der
Beruf	Beruf
gestorben am in	gestorben am in
beerdigt am in	beerdigt am in

Heirat am/in

Beurkundet bei Standes-/Pfarramt

gemeinsame Kinder

89

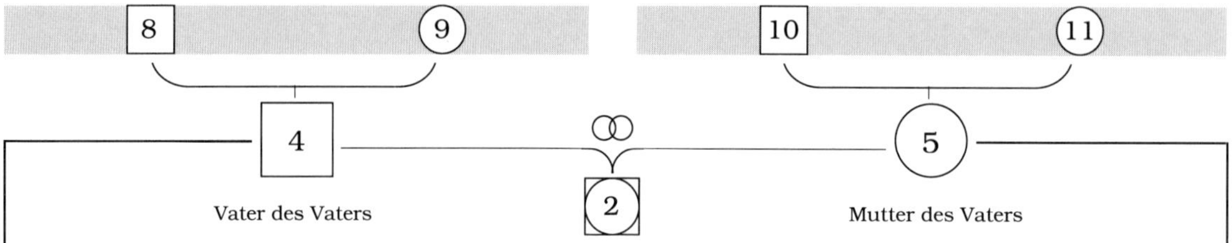

|8| |9| |10| |11|

|4| ⚭ |5|
Vater des Vaters   (2)   Mutter des Vaters

Familienname _____   Familienname _____

Vornamen _____   Vornamen _____

geboren am _____ in _____   geboren am _____ in _____

getauft am _____ in _____   getauft am _____ in _____

Bekenntnis _____   Bekenntnis _____

beurkundet bei Standes/Pfarramt _____   beurkundet bei Standes/Pfarramt _____

als Sohn des _____   als Tochter des _____

als Sohn der _____   als Tochter der _____

Beruf _____   Beruf _____

gestorben am _____ in _____   gestorben am _____ in _____

beerdigt am _____ in _____   beerdigt am _____ in _____

Heirat am/in

Beurkundet bei Standes-/Pfarramt

gemeinsame Kinder

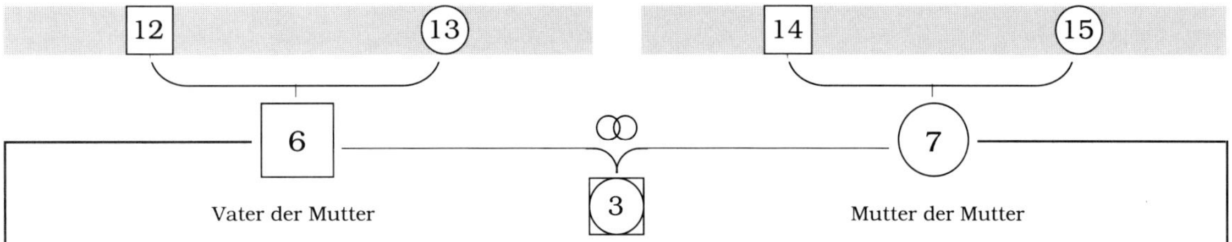

|12| |13| |14| |15|

|6| ⚭ |7|

3

Vater der Mutter   Mutter der Mutter

Familienname _____   Familienname _____

Vornamen _____   Vornamen _____

geboren am _____ in _____   geboren am _____ in _____

getauft am _____ in _____   getauft am _____ in _____

Bekenntnis _____   Bekenntnis _____

beurkundet bei Standes/Pfarramt _____   beurkundet bei Standes/Pfarramt _____

als Sohn des _____   als Tochter des _____

als Sohn der _____   als Tochter der _____

Beruf _____   Beruf _____

gestorben am _____ in _____   gestorben am _____ in _____

beerdigt am _____ in _____   beerdigt am _____ in _____

Heirat am/in

Beurkundet bei Standes-/Pfarramt

gemeinsame Kinder

|16| |17| |18| |19|

| 8 | | 9 |

| 4 |

Großvater des Vaters　　　　　　　　Großmutter des Vaters
väterlicherseits　　　　　　　　　　　väterlicherseits

Familienname　　　　　　　　　　　　Familienname

Vornamen　　　　　　　　　　　　　　Vornamen

geboren am　　　　in　　　　　　　　geboren am　　　　in

getauft am　　　　 in　　　　　　　　getauft am　　　　 in

Bekenntnis　　　　　　　　　　　　　Bekenntnis

beurkundet bei Standes/Pfarramt　　　beurkundet bei Standes/Pfarramt

als Sohn des　　　　　　　　　　　　als Tochter des

als Sohn der　　　　　　　　　　　　als Tochter der

Beruf　　　　　　　　　　　　　　　　Beruf

gestorben am　　　　in　　　　　　　gestorben am　　　　in

beerdigt am　　　　 in　　　　　　　 beerdigt am　　　　 in

Heirat am/in

Beurkundet bei Standes-/Pfarramt

gemeinsame Kinder

|20| |21| |22| |23|

|10| ⚭ |11|
|5|

Großvater des Vaters mütterlicherseits • Großmutter des Vaters mütterlicherseits

Familienname _____ Familienname _____

Vornamen _____ Vornamen _____

geboren am _____ in _____ geboren am _____ in _____

getauft am _____ in _____ getauft am _____ in _____

Bekenntnis _____ Bekenntnis _____

beurkundet bei Standes/Pfarramt _____ beurkundet bei Standes/Pfarramt _____

als Sohn des _____ als Tochter des _____

als Sohn der _____ als Tochter der _____

Beruf _____ Beruf _____

gestorben am _____ in _____ gestorben am _____ in _____

beerdigt am _____ in _____ beerdigt am _____ in _____

Heirat am/in

Beurkundet bei Standes-/Pfarramt

gemeinsame Kinder

| 24 | 25 | | 26 | 27 |

12
Großvater der Mutter
väterlicherseits

13
Großmutter der Mutter
väterlicherseits

6

Familienname

Vornamen

geboren am   in

getauft am   in

Bekenntnis

beurkundet bei Standes/Pfarramt

als Sohn des

als Sohn der

Beruf

gestorben am   in

beerdigt am   in

Familienname

Vornamen

geboren am   in

getauft am   in

Bekenntnis

beurkundet bei Standes/Pfarramt

als Tochter des

als Tochter der

Beruf

gestorben am   in

beerdigt am   in

Heirat am/in

Beurkundet bei Standes-/Pfarramt

gemeinsame Kinder

|28| |29| |30| |31|

|14| ⚭ |15|

|7|

Großvater der Mutter
mütterlicherseits

Großmutter der Mutter
mütterlicherseits

Familienname _____

Vornamen _____

geboren am _____ in _____

getauft am _____ in _____

Bekenntnis _____

beurkundet bei Standes/Pfarramt _____

als Sohn des _____

als Sohn der _____

Beruf _____

gestorben am _____ in _____

beerdigt am _____ in _____

Familienname _____

Vornamen _____

geboren am _____ in _____

getauft am _____ in _____

Bekenntnis _____

beurkundet bei Standes/Pfarramt _____

als Tochter des _____

als Tochter der _____

Beruf _____

gestorben am _____ in _____

beerdigt am _____ in _____

Heirat am/in

Beurkundet bei Standes-/Pfarramt

gemeinsame Kinder

```
   ┌─32─┐      ┌─33─┐              ┌─34─┐      ┌─35─┐
        └──┬───┘                         └──┬───┘
        ┌──┴──┐         ⚭            ┌──┴──┐
        │ 16  │────────┌─┐───────────│ 17  │
        └─────┘        │8│           └─────┘
      Ur-Großvater     └─┘          Ur-Großmutter
       väterlich (1)                  väterlich (1)
```

Familienname	Familienname
Vornamen	Vornamen
geboren am in	geboren am in
getauft am in	getauft am in
Bekenntnis	Bekenntnis
beurkundet bei Standes/Pfarramt	beurkundet bei Standes/Pfarramt
als Sohn des	als Tochter des
als Sohn der	als Tochter der
Beruf	Beruf
gestorben am in	gestorben am in
beerdigt am in	beerdigt am in

Heirat am/in

Beurkundet bei Standes-/Pfarramt

gemeinsame Kinder

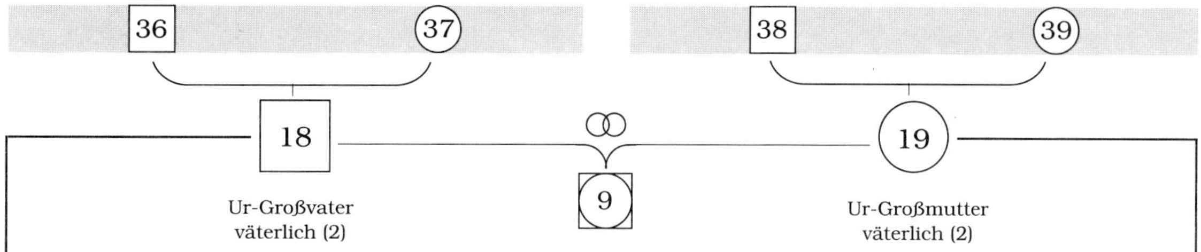

```
   ┌──[36]────(37)──┐     ┌──[38]────(39)──┐
   │    [18]        │  ⚭  │     (19)       │
                      (9)
       Ur-Großvater           Ur-Großmutter
       väterlich (2)          väterlich (2)
```

Familienname _____   Familienname _____

Vornamen _____   Vornamen _____

geboren am _____ in _____   geboren am _____ in _____

getauft am _____ in _____   getauft am _____ in _____

Bekenntnis _____   Bekenntnis _____

beurkundet bei Standes/Pfarramt _____   beurkundet bei Standes/Pfarramt _____

als Sohn des _____   als Tochter des _____

als Sohn der _____   als Tochter der _____

Beruf _____   Beruf _____

gestorben am _____ in _____   gestorben am _____ in _____

beerdigt am _____ in _____   beerdigt am _____ in _____

Heirat am/in

Beurkundet bei Standes-/Pfarramt

gemeinsame Kinder

| 40 | 41 | | 42 | 43 |

20	⚭	21
Ur-Großvater	10	Ur-Großmutter
väterlich (3)		väterlich (3)

Familienname _____   Familienname _____

Vornamen _____   Vornamen _____

geboren am _____ in _____   geboren am _____ in _____

getauft am _____ in _____   getauft am _____ in _____

Bekenntnis _____   Bekenntnis _____

beurkundet bei Standes/Pfarramt _____   beurkundet bei Standes/Pfarramt _____

als Sohn des _____   als Tochter des _____

als Sohn der _____   als Tochter der _____

Beruf _____   Beruf _____

gestorben am _____ in _____   gestorben am _____ in _____

beerdigt am _____ in _____   beerdigt am _____ in _____

Heirat am/in

Beurkundet bei Standes-/Pfarramt

gemeinsame Kinder

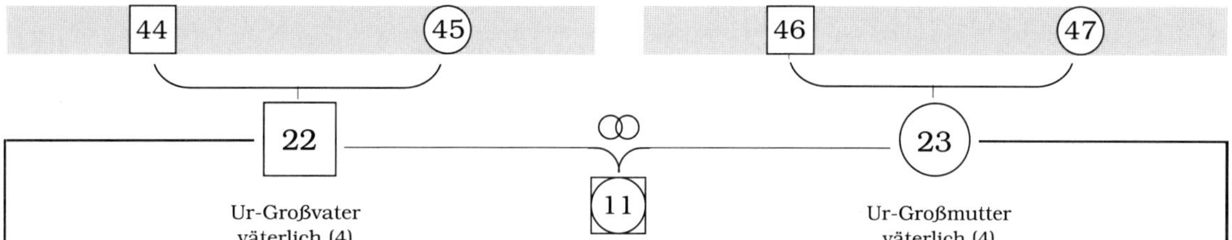

|44| |45| |46| |47|

22 ⚭ **23**

11

Ur-Großvater　　　　　　　　　　　　　　Ur-Großmutter
väterlich (4)　　　　　　　　　　　　　　väterlich (4)

Familienname　　　　　　　　　　　　　　Familienname

Vornamen　　　　　　　　　　　　　　　　Vornamen

geboren am　　　　in　　　　　　　　　　geboren am　　　　in

getauft am　　　　in　　　　　　　　　　getauft am　　　　in

Bekenntnis　　　　　　　　　　　　　　　Bekenntnis

beurkundet bei Standes/Pfarramt　　　　beurkundet bei Standes/Pfarramt

als Sohn des　　　　　　　　　　　　　　als Tochter des

als Sohn der　　　　　　　　　　　　　　als Tochter der

Beruf　　　　　　　　　　　　　　　　　　Beruf

gestorben am　　　　in　　　　　　　　　gestorben am　　　　in

beerdigt am　　　　in　　　　　　　　　　beerdigt am　　　　in

Heirat am/in

Beurkundet bei Standes-/Pfarramt

gemeinsame Kinder

99

| 48 | 49 | | 50 | 51 |

| 24 | ⚭ | 25 |

12

Ur-Großvater mütterlich (1)   Ur-Großmutter mütterlich (1)

Familienname   Familienname

Vornamen   Vornamen

geboren am   in   geboren am   in

getauft am   in   getauft am   in

Bekenntnis   Bekenntnis

beurkundet bei Standes/Pfarramt   beurkundet bei Standes/Pfarramt

als Sohn des   als Tochter des

als Sohn der   als Tochter der

Beruf   Beruf

gestorben am   in   gestorben am   in

beerdigt am   in   beerdigt am   in

Heirat am/in

Beurkundet bei Standes-/Pfarramt

gemeinsame Kinder

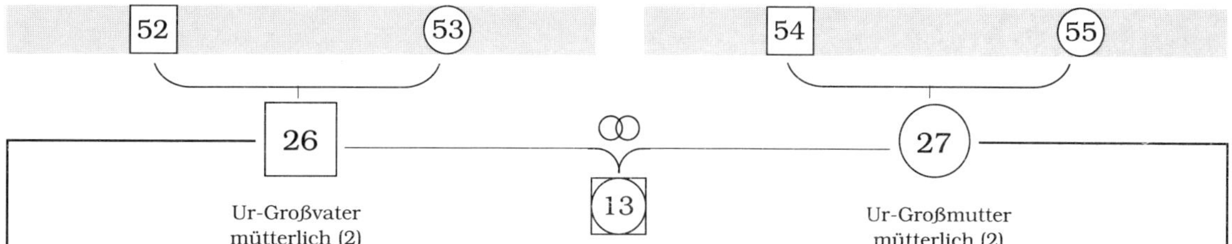

| 52 | 53 | | 54 | 55 |

26 Ur-Großvater mütterlich (2) ⚭ **27** Ur-Großmutter mütterlich (2)

13

Familienname	Familienname
Vornamen	Vornamen
geboren am in	geboren am in
getauft am in	getauft am in
Bekenntnis	Bekenntnis
beurkundet bei Standes/Pfarramt	beurkundet bei Standes/Pfarramt
als Sohn des	als Tochter des
als Sohn der	als Tochter der
Beruf	Beruf
gestorben am in	gestorben am in
beerdigt am in	beerdigt am in

Heirat am/in

Beurkundet bei Standes-/Pfarramt

gemeinsame Kinder

| 56 | 57 | | 58 | 59 |

| 28 | ⚭ | 29 |

14

Ur-Großvater
mütterlich (3)

Ur-Großmutter
mütterlich (3)

Familienname

Vornamen

geboren am   in

getauft am   in

Bekenntnis

beurkundet bei Standes/Pfarramt

als Sohn des

als Sohn der

Beruf

gestorben am   in

beerdigt am   in

Familienname

Vornamen

geboren am   in

getauft am   in

Bekenntnis

beurkundet bei Standes/Pfarramt

als Tochter des

als Tochter der

Beruf

gestorben am   in

beerdigt am   in

Heirat am/in

Beurkundet bei Standes-/Pfarramt

gemeinsame Kinder

|60| |61| |62| |63|

30 ⚭ **31**
Ur-Großvater **15** Ur-Großmutter
mütterlich (4)   mütterlich (4)

Familienname _____ Familienname _____

Vornamen _____ Vornamen _____

geboren am   in _____ geboren am   in _____

getauft am   in _____ getauft am   in _____

Bekenntnis _____ Bekenntnis _____

beurkundet bei Standes/Pfarramt _____ beurkundet bei Standes/Pfarramt _____

als Sohn des _____ als Tochter des _____

als Sohn der _____ als Tochter der _____

Beruf _____ Beruf _____

gestorben am   in _____ gestorben am   in _____

beerdigt am   in _____ beerdigt am   in _____

Heirat am/in _____

Beurkundet bei Standes-/Pfarramt _____

gemeinsame Kinder _____

103

32	⚭	33
Ur-Ur-Großvater väterlich (1)	16	Ur-Ur-Großmutter väterlich (1)

Familienname

Vornamen

geboren am   in

getauft am   in

Bekenntnis

beurkundet bei Standes/Pfarramt

als Sohn des

als Sohn der

Beruf

gestorben am   in

beerdigt am   in

Familienname

Vornamen

geboren am   in

getauft am   in

Bekenntnis

beurkundet bei Standes/Pfarramt

als Tochter des

als Tochter der

Beruf

gestorben am   in

beerdigt am   in

Heirat am/in

Beurkundet bei Standes-/Pfarramt

gemeinsame Kinder

34
Ur-Ur-Großvater
väterlich (2)

35
Ur-Ur-Großmutter
väterlich (2)

17

Familienname	Familienname
Vornamen	Vornamen
geboren am in	geboren am in
getauft am in	getauft am in
Bekenntnis	Bekenntnis
beurkundet bei Standes/Pfarramt	beurkundet bei Standes/Pfarramt
als Sohn des	als Tochter des
als Sohn der	als Tochter der
Beruf	Beruf
gestorben am in	gestorben am in
beerdigt am in	beerdigt am in

Heirat am/in

Beurkundet bei Standes-/Pfarramt

gemeinsame Kinder

— 36 — ⚭ — 37 —
Ur-Ur-Großvater 18 Ur-Ur-Großmutter
väterlich (3)   väterlich (3)

Familienname   Familienname

Vornamen   Vornamen

geboren am   in   geboren am   in

getauft am   in   getauft am   in

Bekenntnis   Bekenntnis

beurkundet bei Standes/Pfarramt   beurkundet bei Standes/Pfarramt

als Sohn des   als Tochter des

als Sohn der   als Tochter der

Beruf   Beruf

gestorben am   in   gestorben am   in

beerdigt am   in   beerdigt am   in

Heirat am/in

Beurkundet bei Standes-/Pfarramt

gemeinsame Kinder

38
Ur-Ur-Großvater
väterlich (4)

39
Ur-Ur-Großmutter
väterlich (4)

19

Familienname _____

Vornamen _____

geboren am _____ in _____

getauft am _____ in _____

Bekenntnis _____

beurkundet bei Standes/Pfarramt _____

als Sohn des _____

als Sohn der _____

Beruf _____

gestorben am _____ in _____

beerdigt am _____ in _____

Familienname _____

Vornamen _____

geboren am _____ in _____

getauft am _____ in _____

Bekenntnis _____

beurkundet bei Standes/Pfarramt _____

als Tochter des _____

als Tochter der _____

Beruf _____

gestorben am _____ in _____

beerdigt am _____ in _____

Heirat am/in

Beurkundet bei Standes-/Pfarramt

gemeinsame Kinder

|—— 40 ——| ⚭ |—— 41 ——|
            20

Ur-Ur-Großvater   Ur-Ur-Großmutter
väterlich (5)   väterlich (5)

Familienname   Familienname

Vornamen   Vornamen

geboren am   in   geboren am   in

getauft am   in   getauft am   in

Bekenntnis   Bekenntnis

beurkundet bei Standes/Pfarramt   beurkundet bei Standes/Pfarramt

als Sohn des   als Tochter des

als Sohn der   als Tochter der

Beruf   Beruf

gestorben am   in   gestorben am   in

beerdigt am   in   beerdigt am   in

Heirat am/in

Beurkundet bei Standes-/Pfarramt

gemeinsame Kinder

42 — Ur-Ur-Großvater väterlich (6)

21

43 — Ur-Ur-Großmutter väterlich (6)

Familienname

Vornamen

geboren am　　　　　in

getauft am　　　　　in

Bekenntnis

beurkundet bei Standes/Pfarramt

als Sohn des

als Sohn der

Beruf

gestorben am　　　　　in

beerdigt am　　　　　in

Familienname

Vornamen

geboren am　　　　　in

getauft am　　　　　in

Bekenntnis

beurkundet bei Standes/Pfarramt

als Tochter des

als Tochter der

Beruf

gestorben am　　　　　in

beerdigt am　　　　　in

Heirat am/in

Beurkundet bei Standes-/Pfarramt

gemeinsame Kinder

— 44 — ⚭ — 45 —
〔22〕

Ur-Ur-Großvater Ur-Ur-Großmutter
väterlich (7) väterlich (7)

Familienname   Familienname

Vornamen   Vornamen

geboren am   in   geboren am   in

getauft am   in   getauft am   in

Bekenntnis   Bekenntnis

beurkundet bei Standes/Pfarramt   beurkundet bei Standes/Pfarramt

als Sohn des   als Tochter des

als Sohn der   als Tochter der

Beruf   Beruf

gestorben am   in   gestorben am   in

beerdigt am   in   beerdigt am   in

Heirat am/in

Beurkundet bei Standes-/Pfarramt

gemeinsame Kinder

110

46 — ⚭ **23** — **47**

Ur-Ur-Großvater väterlich (8)   Ur-Ur-Großmutter väterlich (8)

Familienname

Vornamen

geboren am   in

getauft am   in

Bekenntnis

beurkundet bei Standes/Pfarramt

als Sohn des

als Sohn der

Beruf

gestorben am   in

beerdigt am   in

Familienname

Vornamen

geboren am   in

getauft am   in

Bekenntnis

beurkundet bei Standes/Pfarramt

als Tochter des

als Tochter der

Beruf

gestorben am   in

beerdigt am   in

Heirat am/in

Beurkundet bei Standes-/Pfarramt

gemeinsame Kinder

111

48	⚭	49
Ur-Ur-Großvater mütterlich (1)	24	Ur-Ur-Großmutter mütterlich (1)

Familienname

Vornamen

geboren am   in

getauft am   in

Bekenntnis

beurkundet bei Standes/Pfarramt

als Sohn des

als Sohn der

Beruf

gestorben am   in

beerdigt am   in

Familienname

Vornamen

geboren am   in

getauft am   in

Bekenntnis

beurkundet bei Standes/Pfarramt

als Tochter des

als Tochter der

Beruf

gestorben am   in

beerdigt am   in

Heirat am/in

Beurkundet bei Standes-/Pfarramt

gemeinsame Kinder

50	⚭	51
Ur-Ur-Großvater mütterlich (2)	25	Ur-Ur-Großmutter mütterlich (2)

Familienname _____

Vornamen _____

geboren am _____ in _____

getauft am _____ in _____

Bekenntnis _____

beurkundet bei Standes/Pfarramt _____

als Sohn des _____

als Sohn der _____

Beruf _____

gestorben am _____ in _____

beerdigt am _____ in _____

Familienname _____

Vornamen _____

geboren am _____ in _____

getauft am _____ in _____

Bekenntnis _____

beurkundet bei Standes/Pfarramt _____

als Tochter des _____

als Tochter der _____

Beruf _____

gestorben am _____ in _____

beerdigt am _____ in _____

Heirat am/in _____

Beurkundet bei Standes-/Pfarramt _____

gemeinsame Kinder

113

┌─ **52** ─┐   ⚭   ┌─ **53** ─┐
  Ur-Ur-Großvater   **26**   Ur-Ur-Großmutter
  mütterlich (3)   mütterlich (3)

Familienname

Vornamen

geboren am   in

getauft am   in

Bekenntnis

beurkundet bei Standes/Pfarramt

als Sohn des

als Sohn der

Beruf

gestorben am   in

beerdigt am   in

Familienname

Vornamen

geboren am   in

getauft am   in

Bekenntnis

beurkundet bei Standes/Pfarramt

als Tochter des

als Tochter der

Beruf

gestorben am   in

beerdigt am   in

Heirat am/in

Beurkundet bei Standes-/Pfarramt

gemeinsame Kinder

54	⚭	55
Ur-Ur-Großvater mütterlich (4)	27	Ur-Ur-Großmutter mütterlich (4)

Familienname

Vornamen

geboren am in

getauft am in

Bekenntnis

beurkundet bei Standes/Pfarramt

als Sohn des

als Sohn der

Beruf

gestorben am in

beerdigt am in

Familienname

Vornamen

geboren am in

getauft am in

Bekenntnis

beurkundet bei Standes/Pfarramt

als Tochter des

als Tochter der

Beruf

gestorben am in

beerdigt am in

Heirat am/in

Beurkundet bei Standes-/Pfarramt

gemeinsame Kinder

56
Ur-Ur-Großvater mütterlich (5)

57
Ur-Ur-Großmutter mütterlich (5)

⚭ 28

Familienname _____

Vornamen _____

geboren am _____ in _____

getauft am _____ in _____

Bekenntnis _____

beurkundet bei Standes/Pfarramt _____

als Sohn des _____

als Sohn der _____

Beruf _____

gestorben am _____ in _____

beerdigt am _____ in _____

Familienname _____

Vornamen _____

geboren am _____ in _____

getauft am _____ in _____

Bekenntnis _____

beurkundet bei Standes/Pfarramt _____

als Tochter des _____

als Tochter der _____

Beruf _____

gestorben am _____ in _____

beerdigt am _____ in _____

Heirat am/in

Beurkundet bei Standes-/Pfarramt

gemeinsame Kinder

| 58 | ⚭ 29 | 59 |

Ur-Ur-Großvater mütterlich (6)   Ur-Ur-Großmutter mütterlich (6)

Familienname   Familienname

Vornamen   Vornamen

geboren am   in   geboren am   in

getauft am   in   getauft am   in

Bekenntnis   Bekenntnis

beurkundet bei Standes/Pfarramt   beurkundet bei Standes/Pfarramt

als Sohn des   als Tochter des

als Sohn der   als Tochter der

Beruf   Beruf

gestorben am   in   gestorben am   in

beerdigt am   in   beerdigt am   in

Heirat am/in

Beurkundet bei Standes-/Pfarramt

gemeinsame Kinder

117

60
Ur-Ur-Großvater
mütterlich (7)

61
Ur-Ur-Großmutter
mütterlich (7)

30

Familienname

Vornamen

geboren am   in

getauft am   in

Bekenntnis

beurkundet bei Standes/Pfarramt

als Sohn des

als Sohn der

Beruf

gestorben am   in

beerdigt am   in

Familienname

Vornamen

geboren am   in

getauft am   in

Bekenntnis

beurkundet bei Standes/Pfarramt

als Tochter des

als Tochter der

Beruf

gestorben am   in

beerdigt am   in

Heirat am/in

Beurkundet bei Standes-/Pfarramt

gemeinsame Kinder

62 ⚭ 63
Ur-Ur-Großvater mütterlich (8) — 31 — Ur-Ur-Großmutter mütterlich (8)

Familienname

Vornamen

geboren am						in

getauft am						in

Bekenntnis

beurkundet bei Standes/Pfarramt

als Sohn des

als Sohn der

Beruf

gestorben am					in

beerdigt am					in

Familienname

Vornamen

geboren am						in

getauft am						in

Bekenntnis

beurkundet bei Standes/Pfarramt

als Tochter des

als Tochter der

Beruf

gestorben am					in

beerdigt am					in

Heirat am/in

Beurkundet bei Standes-/Pfarramt

gemeinsame Kinder